진정한 차별화는 기본 원칙을 지키는 것!!

두부 한 모 경영

전나무숲

진정한 차별화는 기본 원칙을 지키는 것!!

두부 한 모

경영

다루미 시게루 **지음** _ 이동희 옮김

전나무숲

'두부 한 모'를 어떻게 팔 것인가?

내 인생은 두부(豆富) 한 모에서 시작되었다. '콩을 통해 부(富)를 얻는다'는 생각으로 오직 두부에만 매달려 살아온 나는 일반적으로 쓰는 '두부(豆腐)'가 아닌 '두부(豆富)'라는 한자를 일부러 사용한다. 내 인생에서 두부를 떼어놓는다면 나는 그저 건강하다는 것 말고는 내세울 게 없는 별 볼일 없는 아저씨로 살고 있을지도 모른다. 내 앞에 '두부'라는 글자가 붙어야 비로소 살아 숨쉬고 있음을 실감할 수 있다.

"다루미(필자의 이름)라 하면 두부장수 이름 아냐?"

"두부는 역시 다루미가 만든 두부가 제일이지."

나는 사람들에게 이런 말을 듣고 싶었다.

그래서 두부회사를 창업한 이래 고지식하다는 말을 들을 정도로 '어떻게 하면 두부를 더욱 맛있게 만들 수 있을까? 더 많은 사람들에게 두부를 먹게 하려면 어떻게 해야 할까?' 하는 생각에만 몰두했다. 돌이켜보면, 나의 지난 시간들은 오직 '두부 한 모를 팔기 위해' 살아왔다고 말할 수 있다.

이런 과정에서 이렇게 하면 될 것이라는 가설을 세우고 실행하면서 이루어낸 결과를 통해 성취감과 자신감을 얻어 지금까지 달려왔다. 하지만 기존 두부업계의 상식이나 전통에는 전혀 개의치 않았다. 오히려 두부업계에서 일반적으로 인정하는 상식을 깨고 나만의 방식으로 사업을 전개해왔다. 사람들은 이런 나의 사업방식을 '거꾸로 사업전략'이라고 불렀다.

나는 줄곧 상품개발, 판매망 구축, 사업 확장과 같은 사업 운영방식을 타업종에서 배워 두부업계에 적용하는 실험을 해왔다. 사업에 성공하기 위해서는 항상 남들과 다른 방식으로 새로운 실험을 반복하는 도전정신이 필요하다. 누구도 감히 시도하지 않았던 일을 하는 용기와 누구도 생각하지 못했던 아이디어를 만들어내는 창의성이 없다면 결코 사업을 성공으로 이끌 수 없다. 그런 의미에서 '거꾸로 사업전략'이야말로 내가 사업을 성공적으로 이끌어온 열쇠이다.

독자 여러분의 이해를 돕기 위해 먼저 내가 경영하는 두부회사인

'시노자키야'의 사업 성장 과정에 대해 간략하게 소개하겠다. 원래 시노자키아는 부모님이 운영하던 사이타마의 작은 두부가게에 불과했다. 대학을 졸업한 나는 1986년부터 두부가게 일을 도왔는데, 실제로는 부모님과 별개로 점포를 운영했기 때문에 스스로 창업한 거나 다름없었다. 당시 두부 한 모 가격은 58엔이었으며, 창업한 첫 달 매상은 65만 엔이었다. 두부장수로서 진정한 내 인생은 여기서부터 시작되었다. 그리고 창업 12~13년째에는 매출규모 8억 엔 이상으로 업계에서는 중견기업에 속하는 두부회사로 성장했으며, 2000년에는 '5년 이내에 주식 상장을 하겠다'고 선언하고 2003년 11월에 드디어 그 꿈을 이루었다.

하지만 주식을 상장하기까지 시노자키야가 순탄한 길만을 걸어왔던 것은 아니다. 특히 주식 상장을 결심하고 제조·도매업에서 제조·소매업으로 사업형태를 전환함에 따라 시노자키야는 엄청난 적자상황을 견뎌내야 했다. 매출의 80%를 차지하던 슈퍼마켓과의 거래를 끊었기 때문이다. 돌이켜보면, 이때는 정말로 어려운 시기였다.

주식 상장 후에는 M&A를 계속해 2005년 9월 결산에서는 매출액이 연결베이스로 43억 1,600만 엔, 경상이익 3억 800만 엔, 당기순이익 7,300만 엔을 기록했다. 물론 매출에 대한 경상이익률이 약 7%이므로, 아직은 이익률이 낮다고 할 수 있다. 여기에는 2005년 3월에 도치기현 고야마에 세운 새 공장의 가동률이 낮기 때문에 제조원가가 여전히 높은 비중을 차지한 것도 원인으로 작용한다. 하지만 이 공장이 전면 가동된다면 제조원가는 단숨에 내려가 매출에 대한 경상이익률은 10% 이상으로 뛰어오를 것이다. 고야마 공장은 하루에 두부 15만 모를 생산할 능력을 가지고 있지만, 현재는 생산량이 4만 모 정도에 불과하다. 사실 두부를 제조하는 데 가장 많이 드는 비용은 '인건비'다. 그 밖에 기계의 '감가상각비'가 들지만 감가상각비는 두부 4만 모를 만들든 15만 모를 만들든 똑같다. 그러므로 가동률이 올라갈수록 두부 한 모당 단가는 내려갈 수밖에 없다.

2006년에는 새 공장의 건설에 따른 감각상각비가 제조원가를 무겁게 짓눌러 이익률을 떨어뜨리고 있다. 그러나 가동률이 높아진다면 이익률은 더욱 향상돼 '시노자키야'는 더욱더 많은 수익을 낼 수 있다.

이 책은 가업인 두부가게를 돕는 일에서 시작해 연매출 수억 엔 규모의 사업으로 확장시켜 두부업계 최초로 주식 상장을 하고 현재 M&A를 통해 단기간에 사업을 성장시킨 나의 경영원칙과 사업전략, 즉 '두부를 한 모라도 더 많이 팔기 위한 전략'을 정리한 경영실전 지침서이다.

내가 사업을 하면서 시도해본 다양한 경영, 마케팅 방식과 성공사례는 물론, 생생한 실패담이 새로운 사업을 시작하려는 사람이나 지금부터 사업을 어떻게 확장해야 할지 고민하는 이들 그리고 사업을 더욱 확장해 주식 상장을 목표로 삼고 있는 이들에게 조금이라도 보탬이 되기를 바란다.

다루미 시계루

차례

stage 01 `거꾸로 개발전략`

온리원 상품 · 서비스로 승부하다
본질을 파고들어 거꾸로 생각한다

stage 02 거꾸로 주식상장 전략

주식 상장을 결정하고 자금을 조달하다

매출의 85%를 포기하고 주식 상장을 추진하다

stage 03 거꾸로 판매확대 전략

다양한 판로개척으로 판매를 확대하다

외식체인점, 주류판매점 등 판매망 다변화를 시도하다

stage 04 `거꾸로 세계화 전략`

M&A로 사업속도를 단숨에 높이다

작은 것을 묶어 크게 만든다

stage 05 거꾸로 자기경영 전략

일, 돈, 사람을 다스리는 자기경영의 노하우
변화를 성공으로 이끄는 업무수칙

1. 내가 소중하게 여기는 것

모든 일은
두부 한 모에서
시작됐다

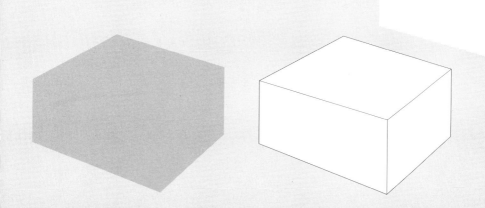

180만 엔의 빚을 진 채 사업을 시작하다

내가 두부업계에 첫발을 내딛은 것은 대학교 4학년 무렵이었다. 부모님이 작은 두부가게를 하고 있었지만 나는 처음부터 가업을 이을 생각은 아니었다. 당시에는 TV에서 〈3학년 B반의 긴파치(金八) 선생〉(TBS에서 방영한 교육 및 학원 드라마 – 편집자 주)이라는 드라마가 큰 인기를 누리고 있어서 드라마를 본 젊은이들은 누구나 열혈교사를 동경했던 터라 나 역시 '교사가 되면 멋지겠다'는 아주 단순한 이유로 학교 교사가 되는 꿈을 꾸었다.

대학에서는 사회학을 전공했다. 1~2학년 때는 서핑 동아리에 들어가 신나게 놀기만 하고 학업은 뒷전이었지만 3학년이 되면서 사회과 교사가 되기로 마음먹고 열심히 공부했다. 하지만 어느 날 진로지도과에 찾아갔더니 "사회과 교사라고? 무슨 잠꼬대 같은 소릴 하나? 자네한텐

무리야"라는 마른하늘에 날벼락 같은 충격적인 말을 들었다.

그때 나는 노랗게 염색한 치렁치렁 긴 머리에다 반바지와 비치 샌들을 신은 전형적인 동네 날건달 같은 차림새였다. 진로지도과에서는 이런 내 모습을 보고 애초부터 나를 진지하게 상대해줄 마음이 없었는지도 모른다. 이 말을 듣고 낙담한 나는 어차피 성적도 그리 좋지 못한 탓도 있어 교사가 되겠다는 꿈을 일찌감치 접어야만 했다. 그리고 반은 자포자기의 심정으로 가업인 '시노자키야 두부점'을 잇기로 결심하고 대학에 다니는 동안에도 부모님이 운영하는 두부가게 일을 돕기 시작했다.

그런데 대학을 졸업하고 본격적으로 두부가게 일을 시작하려 할 때 어머니에게 "급료는 줄 수 없다"는 충격적인 말을 들었다.

"두부가게 일을 돕는 건 네 자유지만 널 돈 주고 고용할 생각은 눈곱만큼도 없다. 가게에서 따로 창업할 생각을 하거라."

어머니의 뜻밖의 말에 나는 그만 눈앞이 캄캄해졌다. 어머니는 고슈(甲州, 옛 지방 이름으로 지금의 야마나시현 전 지역을 가리킴 – 편집자 주) 상인의 대를 잇는 철두철미한 장사꾼이었다. 금전의 손익을 따지거나 장사 수완에는 놀랄 만한 재능을 갖고 있는 분이었다. 그런 어머니가 "두부를 만들 장수도 빌려주고 만드는 것도 도와주겠다. 하지만 그에 대한 비용은 모두 네가 내야 한다."라고 선언한 것이다.

이는 곧 자신의 급료는 스스로 벌어서 생활하라는 말이다. 두부가게를 꾸려나가는 일은 두 분이 해도 충분하니 내 스스로 새로운 판매처를 뚫으라는 뜻이다. 다시 말해서, 두부를 도매로 판매할 거래처를 찾지 못한다면 매출노 수입도 세로라는 의미이다.

'이거 골치 아프게 됐는걸.' 나는 갑자기 도망치고 싶어졌다. 부모 일을 돕다가 편하게 두부가게를 이어받으면 될 거라고 가볍게 생각했는데, 어머니의 말씀 때문에 생각지도 않은 내 사업을 시작한 셈이다.

사업 초기에 아버지의 도움으로 어느 슈퍼마켓과 도매거래를 시작했다. 하지만 슈퍼마켓과 거래를 시작하려면 두부를 팩에 담아 포장해서 납품해야 했기 때문에 비닐 필름을 붙이는 자동포장기를 새로 구입해야 했다. 자동포장기의 가격은 무려 180만 엔이나 했지만 슈퍼에 납품하기 위해서는 꼭 필요한 기계였기에 어머니에게 돈을 융통해 기계를 구입했다.

어머니는 "다음달부터 매달 이 금액씩 갚아 나가라. 갚지 않으면 넌 도산이야"라며 내게 빌려준 돈을 어떻게 받을 것인지에 대한 계획을 통보하고 돈을 내어주셨다. 게다가 두부를 제조할 때 드는 재료비 가운데 내가 만든 분량만큼 정확하게 부담하게 했다.

과연 빚을 매달 제때 갚아나갈 수 있을까? 두부를 한 모씩 팔아서 제대로 먹고살 수 있을까? 나의 사업은 180만 엔이라는 빚을 진 채 심리적인 부담감과 앞날에 대한 불안감 속에서 그렇게 시작되었다.

두부장사로 성공을 결심하다

지금 생각해보면, 두부장사를 하기로 결심한 것은 내게 참으로 다행스런 일이었다. 사실 나는 "두부장사는 벌이가 쏠쏠하다"라는 어머니의 말씀에 귀가 솔깃해져 '그렇다면 한번 해보자' 하고 결심했다. 내가 가야 할 길을 두부장사로 정했다는 사실이 오늘날 사업에서 성공을 거둘 수 있었던 결정적인 이유다. 그때 어머니는 내게 이렇게 말씀하셨다.

"물과 공기를 파는 장사꾼이 돈을 가장 많이 번다."

그리고 두부에는 물과 공기가 다 들어 있다고 했다.

두부는 거의 물로 만들어지며 유부는 공기로 부풀린다. 어머니의 말씀에 따르면 두부장사가 가장 남는 장사다. 게다가 두부를 만들고 남은 찌꺼기인 비지도 팔기 때문에 두부는 정말 버릴 게 하나도 없다.

이해를 돕기 위해 두부 만드는 과정을 간략하게 소개하면, 두부를 만드는 데는 '콩'과 '간수' 그리고 '물' 등 세 가지 재료가 필요하다. 여기에 두부를 만드는 기계, 두부를 담는 팩, 팩의 덮개인 비닐필름 그리고 두부를 제조할 장소와 건물, 일손이 필요할 뿐이다. 그리고 두부를 만드는 재료의 원가를 분석해보면 콩 60kg 한 기미에 몇백 엔 하지만 계산을 쉽게 하기 위해 5,000엔이라고 하자. '시노자키야'의 공장에서는 콩 한 가마에서 두부 1,000모를 생산한다.

그러면 두부 한 모당 우선 콩의 재료원가가 5엔, 거기에 간수가 1엔

50전 정도 그리고 포장용 팩과 필름이 4, 5엔 정도다. 참고로 2005년에는 원유가격이 상승해 쏘상비용이 낳이 올라갔다. 이를 감안하더라도 콩과 간수, 필름, 팩을 전부 포함해 약 10~12엔 정도 되는데 이 가격이 두부 한 모의 원재료비다. 두부만큼 원가가 싸고 수득률(원료물질로부터 어떤 화학과정을 거쳐 목적물질을 얻는 경우에 실제로 얻은 양의 이론적인 양에 대한 비율 – 편집자 주)이 높은 사업은 거의 없다. 이는 분명 맞는 말이다.

반면 수산가공품의 경우에는 수득률이 낮고 거의 이익을 낼 수 없는 대표적인 사업이다. 예를 들어 생선 한 마리는 대가리와 꼬리를 잘라내고 뼈와 내장도 제거하면 70%, 손질이 서투른 경우에는 60%만 상품이 될 수 있다. 그래서 생선의 부가가치를 높이기 위해 어쩔 수 없이 조미액에 담거나 팽창제 같은 약품을 사용하기도 한다. 하지만 두부는 처음부터 그런 일을 할 필요가 없다. 정말로 두부사업은 '물장사'이며 '공기를 파는 장사'이기 때문이다.

그런데 나중에 알게 된 사실이지만 어머니는 마음속으로 내가 두부장수가 되는 것을 원치 않으셨던 듯하다. 사실 나는 어렸을 때부터 부모님이 두부가게를 하는 것을 지독히도 싫어했고 두부장수라는 말을 듣는 것조차 싫어했다. 또 어렸을 때는 친구들이 '두부장수, 두부장수' 하고 놀리는 게 너무 듣기 싫어서 어머니에게 자주 투정을 부리기도 했다.

그래서인지 어머니는 내게 "두부가게를 잇지 않아도 된다"는 말씀을 자주 하셨다. 나와 정반대로 동생은 두부를 아주 좋아하는 데다 두부장사도 적성에 맞는 듯해서 동생에게 가업을 잇게 할 생각이셨던 모

양이다. 그런데 어느 날 갑자기 "그래도 두부장사는 벌이가 쏠쏠하단
다."라며 아무렇지 않은 얼굴로 내게 한마디를 툭 던졌다. 그리고 나
는 '벌이가 쏠쏠하다'라는 말에 그만 귀가 솔깃해져 그렇게 싫어하던
두부장사를 해보기로 결심했다. 지금 와서 생각해보면 어머니의 책략
(?)에 속았다는 기분이 들지만 어머니 덕분에 내 사업을 시작하게 되
었고 조금씩 빚을 갚아나가면서 기업가의 길을 걷게 되었으니 오히려
감사할 따름이다. 그렇다 해도 스스로 창업을 해야겠다는 기업가 정신
에 불타서 시작한 사업이 아니었기에 어느 정도 안일하게 생각하고 있
었다.

두부사업을 시작한 첫날 거래처 슈퍼마켓을 찾아갔을 때 안일한 기
분에 빠져 있던 내게 찬물을 끼얹어 정신이 번쩍 들게 한 '사건'이 터
졌다. 슈퍼마켓에 납품을 시작한 시기는 대학을 졸업하고 한 달쯤 지난
4월 21일이었다. 이날 새벽에 만든 두부를 납품하러 가자마자 어디서
굴러왔는지도 모르는 애송이로부터 "어이, 두부장수! 거기 좀 비켜"라
는 호통을 들었다.

납품이 시작되는 새벽 이른 시간의 슈퍼마켓에는 막 20세가 될까 말
까 한 애송이 사원들과 연수중인 신입사원들밖에 없었다. 같은 슈퍼마
켓에 납품하는 도매업자들 중에는 야채도매상이나 고기도매상, 생선도
매상도 있었지만 웬일인지 두부장수를 가장 깔보는 느낌이었다. 그리
고 그 애송이의 말 한마디에는 이런 감정이 고스란히 담겨 있었다.

'이 자식이!' 나는 마음속으로 심한 분노를 느꼈다. 원래 다혈질인

탓에 이 녀석을 끌고 가 흠씬 패주고 싶은 마음이 굴뚝같았지만 이제 막 사회에 첫발을 디딘 사회초년생인지라 '이번 한 번만 참자'며 끓어 오르는 분노를 이를 악물고 참았다. 이 사건을 계기로 나는 '성공해서 반드시 이 수모를 갚아주겠다'고 굳게 결심했다. 다른 두부도매상이었 다면 '할 수 없지 뭐' 하며 체념했을지 모르지만 나는 절대로 이 일을 잊을 수가 없었다. 그 정도로 내게는 굴욕적인 '사건'이었다. 남에게 지기 싫어하는 성격 탓도 있었지만 이 굴욕적인 사건 때문에 성공하고 말겠다는 의지를 불태웠다.

시간이 지나고 그 애송이랑은 친한 사이가 되었지만, 그날의 사건이 야말로 내가 두부장수로서 진정한 첫발을 내딛는 계기가 되었다.

두부 한 모를 팔아도 사업가 마인드를 갖는다

"어이! 두부장수"라는 말을 듣고 분노를 느꼈던 때에 나는 세 가지 를 결심했다.

첫 번째는 '반드시 부자가 되겠다'는 것이다. 슈퍼마켓에서 나를 깔 본 애송이보다 돈을 더 많이 벌어 남들이 모두 부러워하는 삶을 살겠다 고 결심했다.

두 번째는 두부장수를 하더라도 넥타이를 매고 일하겠다는 것이다. 마치 얼굴에 '저는 두부장수입니다'라고 써 붙인 듯한 장사꾼의 모습이 아니라, 두부가게도 사업인 만큼 양복 정장에 넥타이를 매고 사업가다운 모습으로 일하기로 결심했다.

마지막으로 결심한 것은, 나도 성공해서 벤츠를 타고 다니겠다는 것이다. 성공해서 최고급 차를 타고 싶다고 생각했는데 그때 내가 아는 최고급 차가 벤츠밖에 없었기 때문이다.

지금 돌이켜보면 정말로 유치하기 짝이 없는 결심이지만, 대학을 졸업한 사회초년생으로서는 나름대로 큰 결심을 한 것이다. 하지만 내가 다른 많은 사회초년생들과 달랐던 점은 실제로 이 꿈들을 내 손으로 하나하나 이뤄냈다는 것이다.

하지만 이런 나조차도 처음에는 쑥스러워서 명함에 '두부가게'라는 말을 넣지 못했다. 명함에는 부모님이 점포를 가지고 있었기 때문에 '콩 식품가공업'이라고 새겨 넣었다. 그리고 이왕 명함을 만든 김에 부모님의 가게와 내 회사를 구별하기 위해 '제1사업소'와 '제2사업소'로 구분해 적었다. 대학 동창들은 내가 두부장사를 한다는 사실을 알고 있을 터였지만, 나는 굳이 그들 앞에서 두부장사를 한다는 말을 일절 하지 않았다. 어렸을 때부터 두부장수라는 직업에 콤플렉스를 느끼고 있었기 때문이다. 그랬기에 슈퍼마켓에서 "어이! 두부장수"란 말을 들은 순간, 분노가 폭발했던 것이다.

사업을 시작하면서 나는 줄곧 '두부장수'를 어떻게 하면 사업가처럼 보이게 포장할 것인가 하는 문제를 집중적으로 고민했다. 그런 고민을 하던 어느 날 우연히 대형 두부회사의 배송트럭 두 대가 나란히 국도를 달리는 모습을 보게 되었다. 트럭에는 큰 두부 그림과 함께 'ㅇㅇ 두부섬'이라는 로고가 선명하게 표시되어 있었다. 우연히 길거리에서 만난 트럭을 보면서 나는 '두부장사도 성공하면 트럭으로 배송할 수 있구나. 이야, 멋지다'라고 생각했다. 무엇이든지 생각나면 바로 행동에 옮기는 성격을 가진 나는 곧바로 트럭 한 대를 구입했다. 물론 새 차를 살 돈이 없어서 중고차를 산 데다 에어컨조차 갖춰져 있지 않은 트럭이었다. 꿈에 그리던 벤츠와는 거리가 멀었지만 어쨌든 '유한회사 시노자키야식품'의 트럭은 내 꿈과 사업의 성공을 위해 달리기 시작했다. 이때가 1987년 1월이다.

슈퍼마켓의 횡포로 도산 위기에 처하다

창업한 지 1년, 매출은 순조롭게 늘고 있었다. 그러나 슈퍼마켓 납품 매장이 하나에서 셋으로 늘어나자 지금까지는 없었던 여러 규제들이 하나 둘씩 생겼다. 무엇보다도 납품시간을 철저하게 지켜야만 했기 때문에 제품의 생산은 물론 세 매장 간의 배송 계획을 세워야 했다. 생산, 판매, 유통과 관련한 업무를 정확하게 분담하지 않으면 일이 원활하게 돌아가지 않기 때문이다.

당시 나는 새벽 3시에 일어나 두부를 만들고 6시에는 납품하러 슈퍼마켓 매장을 찾았다. 그리고 몇 시간씩 판매코너에 기다리고 있다가 추가주문을 받으면 각 매장에 배송하고 돌아와서 다음날 판매할 두부를 만들기 위한 준비를 해야 했다. 판매가 늘어남에 따라 가내수공업 수준의 두부회사로서는 이미 생산량이 한계에 와 있었다. 그때만 해도 나는 젊고 체력도 좋은 편이어서 하루에 2~3시간 정도만 잠을 자도 충분했지만, 피로는 계속 쌓여갔다. 신혼이었는데도 아내와 단 둘이서 외식할 시간 여유조차 없었다.

납품매장이 셋으로 늘어나면서 나는 생산의 효율성을 높이고 원활하게 제품을 공급하기 위해 가스카베시(市) 아카누마에 새로운 두부 제조 공장을 세우기로 결심했다. 아버지를 보증인으로 내세워 은행 대출을 받았다. 1987년 시노자키야의 첫 해 매출액은 2,227만 9,000엔이었는데, 매출액의 세 배가 넘는 7,000만 엔의 빚을 지고 약 80평의 공장 부지를 매입했다.

납품매장은 더욱 늘어나 4곳이 되었고, 새 공장이 드디어 가동을 시작했다. 이런 추세로 납품매장이 10곳으로 늘어나면 '유한회사 시노자키야식품'은 상당한 규모의 기업이 될 터였다. 창업해서 갓 1년이 넘었지만, 나는 회사를 크게 확장할 꿈에 한껏 부풀어 있었다.

그러나 이러한 꿈도 잠시뿐, 사업을 성장시키고 제품을 원활하게 공급하기 위해 세운 공장이 오히려 사업에 걸림돌이 되었다. 납품매장이 4곳으로 늘어난 뒤로 더 이상 늘지 않고 딱 멈춰버렸다. 시노자키야의 두부 매출은 여전히 순조로웠고 공장설립으로 생산능력도 충분한데 말이다. 이를 이상하게 여긴 나는 슈퍼마켓 구매책임자에게 이유를 물었더니, "두부가게가 마음대로 공장을 세우다니, 건방지게!"라며 퉁명스럽게 쏘아붙였다. 나는 내 귀를 의심할 수밖에 없었다. 창업한 첫 달에 65만 엔이라는 경이적인 매상을 달성하고, 새로 거래를 시작한 납품매장에서도 계속 매상을 올려온 그간의 실적을 아예 거들떠보지도 않고, "건방지니까 더 이상 새로운 납품매장을 줄 수 없다"는 것이다.

슈퍼마켓의 입장에서는 두부회사가 시설을 확장하면 발언권이 커져 가격교섭에 어려울 것으로 판단한 듯했다. 처음에 이 말을 들었을 때는 농담이겠거니 생각했지만 그의 말은 진심이었다. 결국 다른 두부업체가 슈퍼마켓의 새 매장에 납품권을 차지하게 되었다. 나는 그만 눈앞이 캄캄해졌다. 납품매장이 더욱 늘어날 것으로 예상해 빚을 내서 공장 부지를 사고 공장을 세웠기 때문이다. 게다가 특별주문 상품을 생산하기 위한 설비도 이미 발주한 상태였다.

그런데 상황이 바뀌면서 공장유지비는 계속 들어가는 데다 두부를 만드는 데 필요한 재료비도 매달 지불해야 하는데 이마저도 낼 수 없는 처지가 된 것이다. 순식간에 회사는 적자로 전락해 공장 분위기도 험악해졌고 아르바이트생이나 파트타임으로 일하던 아줌마들도 차례로 그만두었다. 새 공장은 단 한 번도 전면 가동해보지 못한 채 투자한 돈은 고스란히 빚더미가 되어 돌아왔다. 그나마 거래할 때 수표가 아닌 현금 결제를 한 덕분에 부도는 면할 수 있었지만 1989년 말, 시노자키야는 거의 도산할 지경에 이르렀다.

이 같은 유통업계의 관행은 지금도 두부업계 전체에 커다란 문제점으로 지적되고 있다. 슈퍼마켓과의 거래를 당연하게 생각했던 시대에 대형 슈퍼마켓 체인을 상대로 사업을 하려면 어느 정도 생산설비를 갖추고 있어야 한다. 경기가 좋을 때는 은행에서도 순순히 융자를 내주고, 공장 건설을 지원해준다. 보통 공장을 건설하는 데에는 5억~6억 엔의 자금이 든다. 그런데 다른 두부회사에서 좀 더 싸고 좋은 상품이 출시되면 그 시점에서 슈퍼마켓으로부터 "내일부터 더 이상 납품을 안 해도 됩니다"라는 거래중지 통보를 받는다. 그 순간부터 공장은 가동할 수 없게 되고, 어마어마한 빚더미만 남게 되면서 결국 두부회사는 도산의 길을 걷게 된다.

실패를 딛고 사업성장의 기초를 다지다

파산 직전의 어려움을 겪게 되면서 '이것으로 우리 회사도 끝장이구나' 하는 생각을 했다. 경험도 없는 젊은 사장이 멋모르고 날뛰다가 이런 꼴을 당했다는 자책감도 들었다. 시노자키야로서는 처음 맞는 시련이었지만 이것이 마지막이 될지도 모를 일이다.

당시 평당 35만 엔에 구입했던 공장 부지는 거품경기로 인해 평당 100만 엔까지 뛰었다. 최저가격으로 어림잡아도 평당 60만 엔은 될 거라고 예상한 나는 공장 부지와 기계들을 팔아 두부사업에서 완전히 손을 떼기로 결심했다. 사업을 접기로 마음을 정하고 부모님께 결심을 이야기했더니, 어머니는 이렇게 말씀하셨다.

"나는 네 회사의 감사다. 남자가 한두 번 실패한 것 가지고 좌절해서는 안 된다. 다시 시작해봐라."

하지만 부모님의 말씀에 따라 다시 시작하려고 해도 앞길을 꽉 막고 있는 빚더미에 대한 부담은 쉽게 사라지지 않았다. 공장을 다시 가동한다 해도 이대로는 계속 적자만 늘어날 뿐이다. 이런 사정을 설명하려고 입을 여는 순간,

"나한테 적금 들어놓은 1,200만 엔이 있으니까 해약하고 너한테 투자하겠다. 이것으로 시노자키야식품을 다시 한 번 일으켜봐라."

어머니의 이 한마디에 나는 정신이 번쩍 들었다. 다행히도 채권자 역시 부채잔액 지불을 당분간 기다려주겠다고 말했다. 어머니는 늘 결산서를 보기 때문에 세무서 직원으로부터 "우리보다 세무에 더 밝으시네요"라는 말을 들을 정도였는데 어머니가 보시기에 시노자키야는 아식 희망이 있다고 생각하신 모양이다. 어머님의 격려 덕분에 내 마음속에도 최선을 다하면 다시 일어설 수 있을 거라는 희망이 솟기 시작했다. 어머니가 주신 1,200만 엔으로 우선 1년 정도는 버틸 수 있다는 판단이 섰다. 그래서 앞으로 1년 동안은 죽었다 생각하고 최선을 다하는 수밖에 없다는 쪽으로 마음을 정하고 결심을 굳혔다.

나는 다시 일어서겠다고 결심하긴 했지만 그렇다고 구체적인 해결책을 생각해둔 것은 아니었다. 지금의 거래처 이외의 슈퍼마켓 체인을 뚫어 납품처를 넓힌다 해도 결국 가격경쟁에 말려들어 언제 거래가 끊어

질지 모르는 불안한 상태였고 언제 또다시 지금과 같은 상황을 맞게 될지 모를 일이다. 그렇다면 어떻게 해야 할까? 지금까지처럼 다른 회사와 똑같은 두부를 만든다면 가격경쟁에 휘말리게 될 것은 불 보듯 뻔한 일이다.

그래서 내린 결론은 '그 누구도 만들 수 없는 두부를 만들어보자!'는 제품 차별화 전략이다.

그러기 위해서는 먼저 제품을 철저히 연구해야 했는데, 주력제품인 두부의 본질을 철저하게 파악하는 일부터 시작하기로 했다. 그런 다음에 두부의 품질을 높이기 위해서는 무엇을 해야 하는지, 제품 개발과정에서 무엇을 바꿀 수 있는지, 기존 제품과 다른 새로운 제품은 어떤 요소를 담고 있어야 하는지 등을 생각해보기로 했다. 이렇게 해서 세계 최초의 '천연간수 제조법으로 만든 연두부'의 개발이 시작되었다.

stage 01 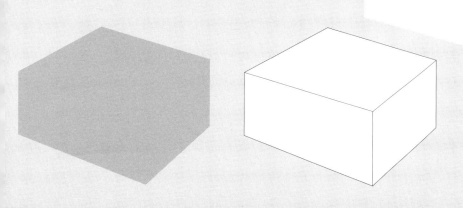거꾸로 개발전략

온리원
상품 · 서비스로
승부하다

본질을 파고들어 거꾸로 생각한다

1 두부사업 부활 키워드 온리원 상품 전략

'신상품 개발'은 대기업의 연구개발팀에서나 하는 일이라고 생각하고 있는가? 만일 그렇게 생각한다면 대단한 착각이다. 아무리 작은 가게나 제조업체라고 해도 반드시 '새로운 길'은 있다. 이 사실을 믿는 사람만이 독자적인 상품이나 서비스를 만들어낼 수 있다.

철저한 제품 분석이 신상품 개발의 열쇠

새로운 상품을 개발할 때 가장 중요한 점은 기존 상식에 얽매이지 않는 것이다. 나는 창업 2년째에 사업의 위기를 맞이하면서 비로소 '두부란 과연 무엇인지 철저하게 파헤쳐보자'는 생각을 했다. 그리고 사전을 펼쳐 '두부' 라는 단어를 찾아보았더니 '두유를 간수로 굳힌 음식' 이라고 적혀 있었다. 이 사전적 의미는 어쩌면 두부징수에게는 너무나 당연한 상식이다. 간수의 주성분은 염화마그네슘이다. 시노자키 야의 두부 역시 간수로 굳혀서 만든다.

하지만 현실은 달랐다. 두부의 수요가 크게 늘어나자 대량생산을 위해 거의 대부분의 두부 제조업체에서는 천연간수(바닷물에서 염분을 추출한 후 남은 액 – 편집자 주)가 아닌, 공업용으로 생산된 응고제를 사용해 두부를 굳히고 있었다. 아버지께 여쭤보니, 응고제로 거의 예외 없이 인공화합물 'GDL(글루코노델타락톤)' 이나 석회를 사용한다고 했다. 이것이 사전의 의미와는 다른 두부업계의 상식이다.

오늘날 두부 소비는 연두부가 주류를 이루고 있는데, 천연간수를 사용하면 연두부 특유의 매끈매끈한 느낌을 낼 수 없다. 어떻게 해도 일반 두부처럼 거칠거칠한 느낌이 남기 때문이다. 따라서 천연간수로 만든 일반 두부는 있어도 천연간수로 만든 연두부는 없었다.

'그렇다면 천연간수로 응고한 진짜 연두부를 만들어보자.'

천연간수를 사용한 연두부의 개발은 이렇게 시작되었다. '거꾸로 발상법' 에 의해 기존 두부업계의 상식이 깨지는 순간이다.

새로운 두부 개발을 위해 나는 도쿄에서 내로라하는 유명한 두부가게들을 전부 돌아다니면서 두부를 먹어보았다. 천연간수로 만든 일반 두부는 확실히 맛이 있었다. 그러니 연두부로 이런 맛을 낸다면 지금까지 그 누구도 만들지 못한 두부를 만들 수 있으리라 생각했다. 이렇게 제품 개발의 방향은 잡았지만 현실은 내 생각처럼 순조롭게 진척되지 않았다. 그도 그럴것이 하룻밤 만에 천연간수로 만든 연두부를 개발할 수 있다면 이미 오래전에 누군가가 만들었을 게다.

두부를 만드는 일은 우선 콩을 물에 불리는 일에서 시작되지만, 맛있는 두부를 만들려면 어느 정도 물에 불려야 하는지와 같은 아주 기초적인 일부터 재검토해야 한다. 콩이 불면 물을 조금씩 더 넣으면서 맷돌로 갈아 이를 가마에 찐 다음에 짜내면 두유가 되고, 두유를 만들고 남은 찌꺼기가 비지다. 연두부는 수분을 안에 품고 있어야 맛있는데 그렇다고 수분이 너무 많으면 고소한 맛이 떨어진다. 두부를 만들 때 어느 정도로 수분을 줄이고 단백질을 늘리느냐 하는, 비율을 잘 맞추는 게 가장 까다로운 일이다. 그래서 우선 두유의 농도를 10~14%로 하고, 간수를 3.2~1.7%까지 1cc 단위로 실험을 했다. 매일매일이 시행착오의 연속이었다.

법칙 2
포기하지 않으면 실패는 없다

새로운 두부를 개발하는 동안 내 머릿속에는 온통 천연간수로 만든 연두부에 대한 생각으로 가득 차 있었다. 두유의 농도와 온도를 어느 정도로 해야 하나, 간수의 농도와 응고는 어떤 관계가 있을까, 두유와 간수를 섞는 시기와 횟수를 어떻게 해야 하나 등등. 하나씩 실험하면서 결코 두유를 아깝다고 여기지 않고 마음껏 사용한 후 버렸나. 내일같이 두유를 짜서 버리는 일을 반복했다. 이런 내 모습을 지켜보고 계시던 아버지는 마침내 분노를 터뜨리고 말았다.

"계속 적자를 내는 주제에 쓸데없는 짓 하지 말고 당장 때려치우지 못해!"

호통 소리와 함께 두부를 자르는 데 쓰는 각진 큰 칼이 내게로 날아와 발 밑에 떨어졌다. 하마터면 얼굴에 맞을 뻔한 위기일발의 순간이었다.

하지만 아버지가 이렇게 화를 내시는 것도 당연했다. 두유를 만드는 콩 역시 공짜가 아니기 때문이다. 게다가 아버지는 평생 두부를 만들어 온 장인이었으므로 그토록 소중한 두유를 그냥 내버리는 나를 잠자코 두고 보고만 있을 수 없었던 것이다. 아버지께는 죄송스런 마음뿐이었지만 그렇다고 도중에 그만둘 수는 없었다. 내 손으로 천연간수로 만든 연두부를 반드시 만들어 보이겠다는 집념만이 매일매일의 힘든 일상을 견뎌낼 수 있는 유일한 희망이었다. 이런 우여곡절을 겪고 마침내 '천연간수 제조법으로 만든 연두부'가 완성되었다. 두부 개발을 시작한 지 9개월 만의 일이다.

천연간수 제조법으로 만든 연두부는 연두부 특유의 부드러움과 일반 두부의 고소한 맛을 모두 갖춘 최초의 제품이다. 일본에서 최초, 아니 세계에서 최초로 개발된 두부다. 새로 개발된 두부를 맛본 순간 나는 두부를 좋아하는 사람들을 맛으로 감동시킬 자신이 생겼다. 이런 내 생각을 담아 신상품의 이름을 '견명인(絹名人)'이라고 지었다.

수면시간까지 줄여가며 고생한 보람이 있어서인지 '천연간수 제조법으로 만든 연두부'는 날개 돋친 듯 팔렸다. 하지만 처음에는 대량생산을 할 수 없어 두부 1모당 100엔 가격으로 하루 30모만 한정 판매했다. 그러다 가동이 일시 중단되었던 두부공장에서 증산에 증산을 거듭해 마침내 생산능력을 뛰어넘는 사태에까지 이르렀다.

'드디어 지금까지의 고생이 보답을 받는구나' 하고 생각했다. 용케도 여기까지 잘 해왔다는 생각에 자신이 대견스러웠다. 이렇듯 포기하지 않고 끈질기게 자신을 채찍질할 수 있었던 것은 바로 '두부장수로서 더 이상 물러설 데가 없다'는 위기감 때문이다. 벼랑 끝에 섰기에 오히려 투지를 불태울 수 있었다.

2 판매방법을 바꾸면 매출이 보인다

어느 날 갑자기 전과 똑같은 상품이 많이 팔리기 시작했다면, 이는 '판매방법'을 달리했기 때문일 것이다. 식품은 '금방 만든 것'에 커다란 부가가치가 붙는다.
이런 생각을 하게 된 것은 고객의 말 한마디 때문이었다. 중요한 것은 이 한마디에 귀를 기울이는 것이다.

법칙 3

고객 반응에서 히트 상품 아이디어를 찾는다

창업해 슈퍼마켓에 납품을 시작한 첫 달에 슈퍼마켓의 정기세일 행사가 있었다. 세일기간이라 슈퍼마켓에는 많은 손님들이 몰려와 문전성시를 이루었다.

슈퍼마켓의 정기 특별세일 기간에 두부 역시 특판제품 중 하나로 선정되었다. 당시 내가 슈퍼에 납품하고 있던 두부제품은 각각 58엔 하는 연두부, 일반 두부, 두부튀김, 유부 등 4종류였다. 매장을 담당하는 파트타임 아줌마로부터 두부가 매진될 거 같으니 더 갖고 오라는 추가주문이 떨어졌다. 그런데 슈퍼에서는 두부도 잘 팔리고 있었지만 두부튀김도 많이 팔렸기 때문에 두부튀김을 더 가져오라는 추가주문이 다시 떨어졌다. 나는 재빨리 '제1사업소'에 가서 추가로 주문받은 두부를 싣고 급하게 슈퍼마켓 판매코너로 달려갔다. 두부튀김은 두부와 달리 완성된 것을 물속에 보관해둘 수 없기 때문에 추가주문이 나와야 비로소 튀기는 작업에 들어간다. 당시는 휴대전화기도 없었기 때문에 가까운 공중전화기로 달려가 어머니께 "바로 받으러 갈 테니 두부튀김을 30개 정도 튀겨놓으세요"라고 연락하고 서둘러 두부튀김을 찾으러 갔다.

　　그런데 가보니, 어머니는 여전히 두부튀김을 튀기고 있었다. 이미 튀겨놓은 두부도 따끈따끈한 상태였다. 두부튀김은 튀겨서 바로 포장하면 모양이 망가지므로 식혀서 포장해야 한다. 게다가 10℃ 이하로 보관하라는 보건 당국의 지침이 있다. 그러나 슈퍼매장에서는 손님들이 두부튀김이 오기만을 목 빼져라 기다리고 있다. 두부튀김을 식혀서 포장하려면 시간이 걸리는데, 그랬다간 손님들이 기다리다 지쳐 가버릴지도 모를 일이었다.

　　결국 나는 매장에서 바로 포장을 해주기로 하고 뜨거운 두부튀김을 끌어안고 부리나케 매장으로 달려갔다. 두부튀김이 오기를 목 빠지게 기다리고 있던 손님들에게 그 자리에서 바로 포장해주었나.

"어? 이거 아직 따끈따끈하네?"

"네, 지금 막 튀겨 온 거라서요."

손님들은 이 '막 튀겨 왔다'는 말에 반응을 보이기 시작했다.

"그래요? 맛있어 보이는데 두 개 더 주세요."

이런 말들이 오고 가면서 눈 깜짝할 사이에 두부튀김 30개가 전부 팔렸다.

'그렇구나, 막 튀겨낸 따끈따끈한 것이 맛있어 보인다고 생각하는 구나. 그렇다면 내일도 따끈따끈한 두부튀김을 가져와야지.'

다음날은 특별세일 날이 아니었는데도, 따끈따끈한 두부튀김 30개는 눈 깜짝할 사이에 다 팔려나갔다. 두부튀김을 찾는 고객이 점점 늘어나면서 두부튀김은 60개, 120개, 240개로 판매량이 늘어갔다. 이렇듯 시간이 없어 임시방편으로 만든 상품이 고객들에게 '막 튀겨낸 서비스'로 신선한 느낌을 주어 히트 상품을 낳았다.

법칙 4

판매방법을 바꿔 상품가치를 높인다

막 튀겨낸 두부튀김은 여전히 큰 인기를 끌고 있다. 그러나 막 튀겨낸 두부튀김이 100개 정도 되면 이를 배송하는 것도 만만치 않은 일이다. 그렇다고 배송 분량을 작게 나누면 시간이 너무 걸려 손님들은 더 이상 기다리지 못하고 가버리기 때문에 판매할 기회를 놓치게 된다.

어떻게 하면 좋을까, 고민하고 있을 때에 눈에 들어온 것이 청과물 코너 옆에 폐기용으로 쌓아둔 하얀 발포스티로폼 상자였다. 그냥 버리기에는 아까우니 이를 이용해보면 어떨까 생각했다. 그래서 이 발포스티로폼 상자에 막 튀겨낸 두부튀김 100개를 한꺼번에 담아 매장으로 옮긴 후 따끈따끈한 상태로 포장해 팔았다. 두부튀김이 도착하면 곧바로 손님들이 몰려들었고, 이런 판매방식은 금방 사람들의 입에 오르내리기 시작했다.

이를 지켜본 슈퍼마켓 점장은 "자네, 정말 좋은 아이디어를 생각해냈군. 좋아, 두부튀김을 특판상품으로 해보자"라고 말하면서 점내 방송용 마이크를 건네주었다.

"이 마이크로 '지금 막 튀겨낸 두부튀김이 도착했습니다!'라고 방송하게나."

갑작스런 일이라 내가 어찌할 바를 몰라 우물쭈물하고 있으니

"꾸물대지 말고 어서 하게!"하며, 마이크를 억지로 입에 갖다 대주었다.

이렇게 된 이상 어쩔 수가 없었다. 나는 눈을 질끈 감고 큰소리로 "지금 막 따끈따끈한 두부튀김이 도착했습니다!"라고 소리쳤고, 손님들이 곧바로 행렬을 이루었다. 슈퍼마켓 최초로 '줄 서서 사야 하는 두

부튀김'이 된 것이다.

그날 이후 두부 판매코너는 매일매일이 마치 세일하는 날처럼 손님들이 북적거렸고, 나 혼자만 점장의 특별 허가를 얻어 막 튀겨낸 두부튀김이나 두부가 도착하면 언제나 마이크로 점내 방송을 했다. 그 결과 두부튀김은 말할 것도 없고 두부도 많이 팔려 첫 달 매상은 65만 엔을 기록했다. 슈퍼마켓에서 제시한 할당액이 45만 엔이었는데 이를 무려 20만 엔이나 초과달성한 것이다. '뭐야, 그래 봤자 20만 엔 초과한 거잖아'라고 생각할 수도 있지만 두부 한 모의 소매가격은 58엔으로, 두부 한 모당 이익이 기껏해야 30엔 정도 남는다. 이런 제품으로 최저 판매액 약 150% 달성이라는 매출 신장은 어떤 의미에서는 획기적인 일이다. 소비자 반응에서 찾아낸 판매방법의 발상 전환이 이렇듯 히트상품을 낳은 것이다.

법칙 5
'거꾸로 발상'이 약점을 장점으로 바꾼다

예전에 '모양과 크기가 들쑥날쑥한 유부 제품'을 판 적이 있다. 모양과 크기가 반듯하게 만들어진 유부에 비하면 질이 떨어지는 B급 제품이다. 대부분의 유부 제조업체에서는 이런 유부의 결점을 감추려고만 한다. 그래서 모양과 크기가 들쑥날쑥하다는 단점을 감추기 위해 때로는 유부를 잘게 썰어 팔기도 한다. 하지만 유부를 썰어 팔 경우 한 번 더 손이 가기 때문에 그만큼 가격이 올라간다. 가격이 오르면 더욱더 안 팔리는 악순환이 이어진다. 이 문제를 해결하기 위해 나는 판매방법을 바꾸어 보기로 했다.

보통 1팩에 유부 2장이 들어가는데, 나는 B급 제품의 유부는 한 팩에 3장을 넣고 '못난이 유부'라고 이름붙여 판매했다. B급 제품을 처음부터 B급 제품이라고 밝히면 소비자들은 절대로 사지 않는다. 그래서 일부러 '못난이'라는 이름을 붙이고, 그 옆에 '된장국 전용'이라고 덧붙였다. 어떤 식품 제조업체의 앙케트 조사에 따르면, 소비자들의 95%가 두부와 유부를 된장국에 넣어 먹는다고 했기 때문이다. 유부를 된장국에 썰어 넣을 거라면 모양이 들쑥날쑥해도 맛에는 전혀 지장이 없으므로 별 문제가 안 된다. 그리고 '사람의 손으로 직접 튀겼기 때문에 모양과 크기가 들쑥날쑥합니다'라고 덧붙였다. 사람의 손으로 직접 튀겼으니 이렇게 모양과 크기가 들쑥날쑥한 것은 당연한 일이기 때문이다.

나는 손님에게 "손님도 주먹밥을 만들 때 주먹밥 전부를 똑같은 크기로 만들 수는 없지요? 큰 것도 있고 작은 것도 있고 그렇죠? 이 유부도 마찬가지에요"라고 설명했다. 놀랍게도 이 '못난이 유부'는 엄청나게 팔려나가 나중에는 공급이 딸릴 정도였다.

예를 들어 유부의 크기가 가로 5㎝, 세로 16㎝로 정해져 있다 해도 이 크기에 딱 맞는 유부는 기계에 넣고 튀겼다는 말이 된다. 사람의 손으로 직접 튀겼을 경우에는 이렇게 규격에 맞는 모양과 크기가 나올 수 없다. 그런데 소비자는 '기계'에 넣어 튀긴 유부보다 '사람 손'으로 직접 튀긴 유부가 훨씬 맛있다고 생각한다. 모양과 크기가 들쑥날쑥하다는 단점이 어느새 장점으로 바뀐 것이다. 이는 '거꾸로 발상법'의 진정한 승리라 할 수 있다.

사실 내 '거꾸로 발상'의 원점은 어린 시절로 거슬러 올라간다. 나는 어렸을 때부터 부모님의 두부가게 일을 도왔다. 어느 무더운 여름날, 만들어놓은 두부가 다 팔리고 두부를 넣어두는 나무상자 안에는 끝이 부서진 두부 3모만 덜렁 남아 있었다. 그때 이웃에 사는 단골손님 한 분이 가게로 두부를 사러 왔다. 어머니는 미안한 듯이 이렇게 말했다.

"오늘은 두부가 다 팔리고 끝이 부서진 두부밖에 없는데 이거라도 괜찮나요?"

"네, 괜찮아요. 어차피 요리집에 내놓는 음식도 아닌데요, 뭘."

"그럼 가져가세요."

이런 대화를 나눈 뒤 어머니는 두부를 물에서 꺼내 팩에 담아 건네면서 "끝이 부서졌으니까 10엔 깎아드릴게요"라고 말했다.

이 말을 들은 단골손님의 반응이 지금도 기억에 생생하다.

"에구, 미안해라. 고마워요."

이렇게 말하고 어머니께 무척 고마워했다. 보통은 파는 쪽에서 "모양이 부서져서 죄송합니다"라고 사과해야 할 입장이다. 그런데 모양이 부서진 B급 제품을 팔면서 도리어 손님에게 고맙다는 말을 듣고 있다. 이는 내게 무척 충격적인 일이었다. 불과 10엔을 깎아준 것이 모양이 부서진 두부의 단점을 단번에 장점으로 바꿔주었다. 나는 이때 장사의 즐거움과 묘미를 깨닫게 되었다.

이래서 장사란 오묘한 것이다. 마이너스를 눈 깜짝할 사이에 플러스로 바꾸는 마술을 부릴 수 있으니 말이다.

법칙 6
판매방법의 혁신은 현장에서 시작된다

장사에서 가장 중요한 것은 역시 현장이다. 현장에 가보지 않으면 아무것도 알 수가 없다. 슈퍼마켓에는 서로 다른 제조업체에서 만든 두부들이 산더미처럼 쌓여 있다. 그중에서 내가 만든 두부를 팔려면 어떻게 해야 할까? 소비자의 구매의욕을 자극할 수 있는 새로운 판매방법을 고안해야 한다.

두부사업을 시작한 지 얼마 되지 않았을 무렵, 나는 매일매일 판매 코너 옆에 서서 손님들을 지켜보았다.

슈퍼마켓은 셀프 판매방식으로 운영된다. 셀프 판매방식이 인기 있는 이유는 누구의 간섭도 받지 않고 마음 편히 물건을 살 수 있기 때문이다. 게다가 슈퍼에는 다양한 식품들이 골고루 갖춰져 있고 가격도 저렴하다.

슈퍼마켓의 판매방식인 셀프 판매와는 반대로, 대면판매 방식이 있다. 나는 슈퍼마켓 안에서 내 어머니와 같은 판매방식을 실현할 수 없을까 하는 생각을 했다. 어머니는 가게에서 두부를 팔고 있으므로 옛날부터 죽 이어온 손님과 얼굴을 직접 대하는 대면판매 방식을 취하고 있다. 시노자키야 두부점에 두부를 사러 오는 손님은 "시노자키야 두부점의 연두부 하나 주세요"라고는 말하지 않는다. 보통은 "연두부 하나 주세요" "일반 두부 한 모요"라고 말할 뿐이다.

이런 모습을 슈퍼에서도 똑같이 재현해야겠다고 마음먹었다.

손님들은 모두 두부 팩의 끝 쪽을 잡고 두부를 집어갔다. 당시에는 두부의 신선도를 유지하기 위해 판매대 상자 안에 물을 가득 채워두었기에 물이 차가운 데다 손에 물이 묻는 것이 달갑지 않아 손님들이 모두 이런 식으로 두부를 집었던 것이다. 이 모습을 지켜본 나는 손님들에게 누부 팩을 집어주는 서비스를 하면 좋겠다는 아이디어를 떠올렸다. 하지만 내가 판매대 옆에 서서 "어서 오세요. 어서 오세요"라고 큰소리를 냈다가는 오히려 손님들은 부담스러워하며 다른 곳으로 가버린다. 이는 소비자의 입장에 서보았던 내 경험으로 비추어볼 때 절대로 삼가야 할 일이다.

고객의 호기심을 자극해 질문을 하게 한다

　손님에게 구매를 강요하지 말고 반대로 질문을 받아야 한다고 생각한다. 왜냐하면 학창시절에 쇼핑몰 '마루이'에서 옷을 사러 갔을 때 이같은 경험을 했기 때문이다. 당시 '마루이'에서는 10회까지 무이자로 할부판매를 했다. 나 역시도 이 판매제도를 즐겨 이용한 사람 중 하나였는데, 어느 날 옷을 사기 전에 먼저 가격이나 디자인을 알아보려고 마루이를 찾아갔을 때 점원이 다가와 "어떤 옷을 찾으십니까?" "이런 디자인은 어떠세요?"라며 자꾸 말을 거는 통에 마음이 불편해졌다. 그저 어떤 옷이 있는지 가격은 어느 정도인지 알아보러 온 것뿐인데 자꾸 옷을 권하는 것이 불편해 5분 만에 그만 옷가게를 나오고 말았다. 결국 찬찬히 옷 구경도 못하고 가격도 알아보지 못했다. 옷가게 점원은 무슨 일이 있어도 팔아야겠다는 집념으로 고객에게 매달렸지만 이는 도리어 역효과였다.

　그런데 단순한 옷 구경이 아닌 마음먹고 옷을 사러 갈 때에는 상황이 완전히 뒤바뀐다. 돈을 들고 '오늘은 꼭 옷을 사야겠다'라고 마음먹고 가게에 들어서는 손님의 경우는 우선 태도부터 다르다. 단순히 옷 구경을 할 때와는 정반대로 점원에게 이런저런 질문을 한다.

　"올해는 어떤 스타일이 유행인가요?"

　"어떤 색이 좋을까요?"

"저한테는 둘 중 어떤 게 어울리나요?"

오히려 손님 쪽에서 더 적극적으로 점원에게 질문을 한다. 게다가 점원이 근처에 없으면 일부러 부르기까지 한다.

그래서 나는 손님의 요청을 받고 점원이 응대한다면 당연히 매출은 오를 것이라고 생각했다. 손님이 묻지도 않았는데 괜히 점원이 나섰다 간 오히려 손님은 도망가 버린다. 고객의 입장에 서서 고객의 심리를 이해하지 못했기 때문이다. 고객응대 방법이 잘못되면 도리어 고객에게 불편한 가게가 된다. 이런 깨달음은 내가 직접 손님의 입장에 섰을 때의 경험에서 우러나온 것이다. '그렇다면 손님이 질문을 하도록 만들자'고 나는 생각했다.

그러나 손님의 질문을 받으려면 그저 가만히 서 있기만 해서는 안 된다. 결국 고객이 호기심을 갖게 해야 하는데 이때 내가 생각한 방법은 보통 때는 절대 하지 않을 복장을 하는 것이었다. 그래서 나는 한눈에 두부장수임을 알 수 있도록 하얀 장화에 흰 바지와 흰 옷을 걸치고 하얀 방망이를 들고 거기에 흰 테 안경까지 쓴 채 서 있기로 했다.

그러자 손님이 다가와 "뭐 하는 사람이에요?"라고 물었다.

예상대로 손님이 질문을 했고 나는 대답했다.

"두부를 집어 드리는 서비스를 하고 있습니다"라고 말하자 손님은 "그런 서비스도 있어요?" 하고 되묻는다.

"오늘부터 새로 시작한 서비스입니다."

"그래요? 그럼 연두부 주세요."

이렇게 된다.

"아저씨가 친절하게 집어주니 두 모 살게요." 이렇게 말해주는 손님도 있다.

그 다음 손님도 다가와 "여기서 뭐하세요?" 하고 물어 두부를 집어주는 서비스를 한다고 대답하자 "그래요? 그럼 일반 두부 하나 주세요"라고 말한다.

이런 대화가 아주 중요하다. 즉 슈퍼마켓에서 어머니의 두부가게와 똑같은 대면판매 방식이 이루어진 것이다. 물론 슈퍼 손님은 "시노자키야 두부 주세요"라고는 말하지 않는다. 그저 "연두부 주세요"라든가 "일반 두부 주세요"라고 말할 뿐이다. 이렇게 말할 때 다른 업체의 두부를 일부러 주는 미친 짓(?)은 할 필요가 없다. 그렇다고 내가 "어떤 제품의 두부로 드릴까요?"라고 물을 정도로 바보도 아니니, 그냥 시노자키야가 만든 두부를 집어주면 된다. 이렇게 되니 우리 회사가 만든 두부만 팔리게 돼 순식간에 매상이 두 배로 뛰어올랐다. 그러면서 타사의 시장점유율을 서서히 잠식해 시노자키야 두부는 슈퍼 내에서도 주목을 받는 존재가 되었다. 두부를 사기 위해 손님들이 줄을 서서 기다릴 정도가 되었다. 내게는 이것이 첫 성공사례였다. 슈퍼에서 대면판매라는 방식을 도입한 '거꾸로 발상'으로 고객의 마음을 사로잡고 매출을 올려 시장점유율을 높이는 결과를 낳았다.

3 제품 특성 살린 브랜드로 상품가치를 높이다

'브랜드'는 상품의 얼굴이다.

브랜드 하나로 맛있다는 인상을 심어줄 수 있고 만드는 방법과 먹는 방법(이용방법)까지 연상작용을 일으켜 구매의욕을 높일 수 있다. 또한 산더미같이 많은 상품들 중에서 상품의 존재를 알릴 수 있는 가장 큰 무기가 되기도 한다.

친밀감과 신념을 담은 브랜드 네임을 개발하라

사전을 뒤적일 필요도 없이, '두부(豆腐)'는 '콩 두(豆)' 자에 '썩을 부(腐)'라고 쓴다. 제조과정에서 발효시키거나 부패시키지도 않았는데 왜 상했다는 '부(腐)' 자를 쓰냐 하면, 원래 '두부'는 중국에서 전해진 음식으로 중국어로 '부(腐)'는 '상했다'는 의미가 아니라 '굳혔다'라든가 '부드러운 고체'를 의미하는 말이다. 즉 '두부'는 '콩을 부드러운 고체로 만든 것'이라는 의미다. 그러나 일본인에게 '부(腐)'란 글자는 그다지 좋은 이미지가 아니다. '천연간수 제조법으로 만든 연두부'를 개발했을 때 나는 이런 두부의 이미지를 쇄신하고 싶었다.

일본의 전통음식이기도 한 '두부'는 콩이 가진 고소한 맛과 향, 그리고 풍부한 영양을 갖춘 음식이다. 최선을 다해 맛있는 연두부를 만들었으니 콩으로 윤택하게 살아보자는 의미에서 '두부(豆富)'라고 이름을 붙이자고 생각했다. 당시 두부업계에서 '두부(豆富)'라는 표기를 사용하는 두부업체는 소수에 불과했지만 이를 널리 알린 것은 시노자키야라고 자부하고 있다. 상표로 등록하지 않았으므로 지금은 많은 두부업체들과 음식점에서 '두부(豆富)'라는 표기를 널리 사용하고 있다. 어떤 의미에서 표준어가 된 듯한 느낌이다. 하지만 처음에는 잘 알려지지 않은 탓에 "이거 한자가 틀렸어요"라는 지적을 자주 받았다.

그때마다 "아니에요. 콩의 부(富)를 받는다는 의미에서 일부러 이렇게 쓴 겁니다"라고 설명하면 고개를 끄덕여주었다.

신이 나서 이렇게 설명하는 동안에 어느샌가 '두부(豆富)'가 원래의 '두부(豆腐)'보다 더 많이 알려지게 되었다. 조만간 사전에 실릴지도 모른다.

나는 어려서부터 다른 사람의 별명을 곧잘 지어주었다. 그 사람의 특징을 잘 파악해 그에 걸맞은 별명을 붙여주곤 했다. 제품명인 '천연간수 제조법으로 만든 연두부'의 '견명인(絹名人)'의 경우도 마찬가지였다. 당시에는 두부에 상품명을 붙이는 제조업제가 없었지만 상품명을 붙이면 소비자가 상품에 대해 친근감을 느끼게 될 것이라고 생각했다. 그중에는 "천연간수가 뭐지?" 하며 조사하는 사람도 있을지 모른다. 그래서 간수에 대한 설명을 적어두면 "그렇구나. 간수가 이런 거구나" 라고 이해하는 소비자도 늘어갈 것이라 생각했다.

'시게조(茂藏)'란 브랜드명 역시 처음에는 '왠지 수상쩍은 이름이다'라는 악평이 많았다. 그러나 '두부(豆富)'의 경우와 마찬가지로 언젠가 일본 전국에 '시게조'라는 브랜드명이 정착하게 될 거라고 굳게 믿고 있다.

브랜드 네이밍이 시장을 좌우한다

나에게는 나만의 독창적인 네이밍 방법이 있다. 예를 들어, '못난이 유부'나 '요세(よせ, 일본어 요세에는 끌어모았다는 의미가 있음 – 편집자 주)두부', '생식용 간모도키(튀김의 일종으로 으깬 두부에 잘게 썬 야채나 다시마 등을 넣고 기름에 튀긴 것 – 편집자 주)'란 이름도 모두 내 작품이다. '못난이 유부'는 당시 인기 드라마였던 '못난이 사과들'에서 힌트를 얻은 것이었고, '요세두부'는 공장에 있을 때 문득 떠올린 이름이었다.

보통 두부는 물에 담가 보관하는데, 이렇게 하면 콩의 단백질이 수용성이기 때문에 콩의 고소한 맛이 물에 녹고 만다. 두부를 물에 담그는 이유는 두부 모양이 흐트러지지 않고 세균이 번식하지 않도록 하기 위한 조상 대대로 내려오는 지혜였지만 이 때문에 두부의 맛이 희생되는 것은 안타까운 일이다. 그래서 막 완성된 두부를 국자로 떠서 그대로 포장하도록 했다. 이렇게 하면 모양은 흐트러지지만 콩 고유의 맛은 그대로 살릴 수 있다. 그리고 포장 형태도 기존의 사각형 팩이 아닌 국자모양에 맞게 둥근 모양으로 만들었다. 이는 마치 두부를 긁어모은 것처럼 보이므로 '요세두부'라고 이름붙였다. 이 '요세두부'도 히트 상품이 되었는데, 방금 만들어낸 고소한 맛이 그대로 살아 있기 때문이다.

또한 간모도키에 붙인 '생식용'이라는 이름은 생선코너에서 생굴에 '생식용'이라고 써 붙인 종이를 보고 힌트를 얻었다. 아는 생선 도매업자에게 물어보니 가열해서 먹는 조리용이나 날로 먹는 생식용이나 큰 차이가 없다고 했다. 하지만 생식용이라고 하면 왠지 조리용보다 훨씬 신선할 것 같은 느낌을 받게 된다. 보통 간모도키는 끓인 국물이 밴 야채와 함께 볶거나 어묵 요리에 반드시 들어가는 재료이므로 여름보다는 겨울에 많이 먹는디. 그러니 긴모도키는 별다른 조리 없이 그냥 먹어도 되는 데다 천연간수 제조법의 두부로 만든 간모도키는 아주 맛이 좋아서 '생식용 간모도키'라는 이름으로 출시했다. 이 제품은 출시되자마자 엄청난 인기를 끌어 도쿄 내에 있는 매장에서는 지난해 대비

800%라는 믿을 수 없을 정도로 놀라운 매출액을 기록했다. 간모도키는 여름에 팔리지 않는다는 상식을 뒤집은 것이다.

이렇듯 브랜드 네이밍은 상품력을 높이는 데 커다란 역할을 담당한다.

1. 철저한 제품 분석이 신상품 개발의 열쇠

새로운 상품을 개발할 때 가장 중요한 점은 기존 상식에 얽매이지 않아야 한다는 것. 오늘날 두부 소비의 주류를 이루고 있는 것은 연두부이지만, 천연간수를 사용하면 연두부 특유의 매끈매끈한 느낌을 낼 수 없다. 어떻게 해도 일반 두부처럼 거칠거칠한 느낌이 남는다.

따라서 천연간수로 만든 일반 두부는 있어도 천연간수로 만든 연두부는 없었다.

'그렇다면 천연간수로 응고한 진짜 연두부를 만들어보자.'

천연간수를 사용한 연두부의 개발은 이렇게 시작되었다. '거꾸로 발상법'에 의해 기존의 두부업계 상식이 깨지는 순간이다.

2. 약점을 장점으로 바꾸는 거꾸로 발상법

B급 제품을 처음부터 B급 제품이라고 밝히면 소비자들은 절대로 사지 않는다. 그래서 일부러 B급 유부에 '못난이'라는 이름을 붙이고, 그 옆에 '된장국 전용'이라고 덧붙였다. 어떤 식품 제조업체의 앙케트 조사에 따르면, 두부와 유부를 산 소비자들의 95%가 두부와 유부를 된장국에 넣는다고 했기 때문이다. 유부를 된장국에 썰어 넣을 거라면 아무리 모양이 들쑥날쑥해도 맛에는 전혀 지장이 없으므로 별 문제가 안 된다.

모양과 크기가 들쑥날쑥하다는 단점이 어느새 장점으로 바뀐 것이다. 이는 '거꾸로 발상법'의 진정한 승리라 할 수 있다.

3. 고객 반응에서 히트 상품 아이디어를 찾는다

"어? 이거 아직 따끈따끈하네?" "네, 지금 막 튀겨 온 거라서요."

손님들은 이 '막 튀겨 왔다'는 말에 반응을 보이기 시작했다.

"그래요? 맛있어 보이네요. 두 개 더 주세요."

이런 말들이 오고 가면서 눈 깜짝할 사이에 두부튀김 30개가 전부 팔려나갔다.

'그렇구나. 막 튀겨낸 따끈따끈한 것이 맛있어 보인다고 생각하는구나. 그렇다면 내일도 따끈따끈한 두부튀김을 가져와야지.'

시간이 없어 급한 나머지 취했던 임시방편이 반대로 '막 튀겨낸 서비스'로 변신해 히트 상품을 낳았던 것이다.

4. 고객으로부터 질문받는 판매가 목표

나는 손님의 요청을 받고 점원이 응대한다면 매출이 가장 많이 오를 것이라고 생각했다. 손님이 묻지도 않았는데 괜히 점원이 나섰다간 오히려 손님은 도망가 버린다. 고객의 입장에 서서 고객의 심리를 이해하지 못했기 때문이다. 고객응대 방법이 잘못돼 도리어 고객이 있기 불편한 가게가 된 것이다.

이런 깨달음은 내가 직접 손님의 입장에 섰을 때의 경험에서 우러나온 것이다. '그렇다면 손님이 질문을 하도록 만들자'는 것이 내 생각이었다.

5. 인상적인 브랜드명으로 상품의 개성을 만든다

브랜드명은 상품의 얼굴이다. 브랜드명 하나로 맛있다는 인상을 심어줄 수 있고 만드는 방법과 먹는 방법(이용방법)까지 연상케 해 구매의욕을 부추길 수 있다.

또한 산더미같이 많은 상품들 중에서 상품의 존재를 알릴 수 있는 가장 큰 무기가 되기도 한다.

6. 브랜드에 신념을 담아라

'천연간수 제조법으로 만든 연두부'를 개발했을 때 나는 두부의 이미지를 쇄신하고 싶다고 생각했다. 일본의 전통음식이기도 한 '두부'는 콩이 가진 고소한 맛과 향, 그리고 풍부한 영양을 갖춘 음식이다. 최선을 다해 맛있는 연두부를 만들었으니 콩으로 윤택하게 살아보자는 의미에서 '두부(쿄富)'라고 이름을 붙이자고 생각했다. 당시 두부업계에서 '두부(쿄富)'라는 표기를 사용하는 두부업체는 소수에 불과했지만 이를 널리 알린 것은 시노자키야라고 자부하고 있다.

상표로 등록하지 않았으므로 지금은 많은 두부업체들과 음식점에서 '두부(쿄富)'라는 표기를 널리 사용하고 있다.

7. 제품 특성 잘 표현한 상품명은 브랜드의 토대

나는 어려서부터 다른 사람의 별명을 곧잘 지어주었다. 그 사람의 특징을 잘 파악해 그에 걸맞은 별명을 붙여주곤 했다.

제품명인 '천연간수 제조법으로 만든 연두부'의 '견명인(絹名人)'의 경우도 마찬가지였다. 당시에는 두부에 상품명을 붙이는 제조업체가 없었지만 상품명을 붙이면 소비자가 상품에 대해 친근감을 느끼게 될 것이라고 생각했다.

그중에는 "천연간수가 뭐지?" 하며 조사하는 사람도 있을지 모른다. 그래서 간수에 대한 설명을 적어두면 "그렇구나. 간수가 이런 거구나"라고 이해하는 소비자도 늘어갈 것이라 생각했다.

stage 02 거꾸로 주식상장 전략

주식 상장을
결정하고
자금을 조달하다

매출의 85%를 포기하고 주식 상장을 추진하다

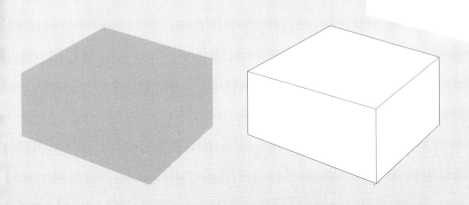

1 사업성장의 동력 사람에게서 구하다

자영업에서 주식 공개! 많은 사람들은 이를 결코 실현될 수 없는 꿈이라 여긴다. 하지만 운명이라고 여겨지는 사람들과의 만남이 이런 내 꿈을 실현시켜주었다. 성공의 이면에는 항상 이런 만남이 자리잡고 있다. 혼자의 힘으로는 한계가 있기 때문이다. 이 한계를 뛰어넘게 하는 것이 바로 '사람'과의 만남이다.

법칙 10
적합한 사람을 찾고 모든 것을 믿고 맡긴다

사활을 걸고 개발한 '천연간수 제조법으로 만든 연두부' 덕분에 시노자키야는 1990년대에 승승장구하며 계속 성장했다. 매스컴에서도 대대적으로 보도되었고 거래처도 늘어나 매출액이 4,000만 엔에서 8

억 엔까지 증가했으며 사원 수도 5명으로 늘어났다. 회사 주식은 내가 진체 주식의 80%를 갖고 있었고, 나미지는 친척과 가족들이 니눠 갖고 있었다. 그런 탓에 나도 친척들도 자금에 한계가 있어 그 이상 자본을 늘리는 것이 어려웠다.

한편, 시노자키야는 계속 성장곡선을 그리고 있어 가스카베시에 있는 공장도 생산능력이 한계에 와 있었다. 그러나 공장을 확장하려면 수억 엔의 자금이 필요하다. 물론 은행에 대출받을 수도 있지만, 그렇게 되면 많은 이자를 물어야 하므로 이익이 큰 폭으로 줄어들 것이 뻔했다. 그래서 은행 이외의 직접 금융이 필요했다. 이때 내가 선택한 것이 바로 주식 공개다.

당시 나에게는 '일본 제일의 두부장수가 되겠다!'는 꿈이 있었고, 두부회사로 주식을 상장하는 것이 그 꿈을 이룰 수 있는 첫걸음이었다. 주식을 공개하면 자금조달이 쉬워질 뿐 아니라 회사의 대외적 신용도도 크게 올라가는 이점이 있다. 게다가 납품처와 거래할 때도 유리하며 은행 융자도 훨씬 좋은 조건으로 받을 수 있다. 또 젊고 유능한 인재들이 많이 몰려와 사원 채용에서도 유리하다. 따라서 주식 공개야말로 '일본 제일의 두부장수'가 될 수 있는 토대이다.

주식을 상장하기 전에 '시노자키야'의 재무는 아내와 세리사가 맡아 했다. 공장은 동생과 사원 2명, 그리고 아르바이트생을 썼다. 아버지는 자신의 두부 공장에서 두부를 만들었고 어머니는 여동생과 함께 시노자키야 두부점을 돌보는 가족 중심의 가내수공업이었다. 즉, 전형적인 자영업 형태였다. 지금까지 나는 한 번도 증권회사와 상담을 해본 적이 없었다. 세간에는 주식 얘기가 자주 화젯거리로 오르내렸지만 오직 두부에만 매달려온 나로서는 이런 이야기에는 전혀 관심이 없었다. 하지만 주식 상장을 결심한 이상 좀 더 적극적으로 전문가의 도움을 받아야 했다.

주식 상장을 하려면 주간사 증권회사와 감사법인(또는 공인회계사)이 필요하다. 우선 이것부터 시작해 시노자키야의 재무를 더욱 탄탄하게 할 필요가 있었지만 내 주위에는 이를 도와줄 인재가 없었다. 어떻게 하면 좋을지 고민하던 차에 만난 이가 지금 시노자키야의 부사장인 나카야마 후미히로이다. 이때가 1999년 12월이다.

나카야마는 내 친구의 친구인데, 우연히도 이웃에 살고 있었다. 그는 와코증권(현 신코증권)에서 노동조합위원장까지 했던 사람이다. 그의 이야기를 들어보니, 오랫동안 기업을 상장시키는 업무를 해왔지만 일반 기업에서 일하는 편이 더 활기차고 즐거울 것 같다고 했다. 그리고 지금 하고 있는 일이 시들하던 차에 때마침 스카우트 제의가 들어와 외자계 회사로 헤드헌팅이 결정될 것 같다고 말했다. 이 말을 듣는 순간 나는 '이 사람을 잡아야 한다'는 직감이 들었다. 그가 유능한 사람이라는 점은 그를 보지미자 금방 알 수 있었다. '회사를 위해 이 사람이 필요하다'는 내 생각은 거의 본능에 가까웠다.

하지만 내 마음과 달리 그는 두부회사에는 전혀 관심이 없는 듯했다. 그래서 나는 계속 그에게 매달리며 '일본 제일의 두부장수'의 꿈과 비전을 제시하고 내가 만든 두부를 먹어보라고 권하면서 열심히 설득했다. 이런 내 열정이 전달되어 그는 드디어 입사를 결심하게 되었나.

2000년 4월 1일에 입사한 그에게 입사한 지 일주일 만에 나는 회사 도장과 내 개인 도장을 맡겼다. 그는 무척 곤란한 듯한 표정을 지었지만 나는 일단 믿기로 작정한 사람에게는 내 사람이라고 생각하고 모든 것을 맡긴다. 내가 먼저 상대방을 신뢰하면 상대방 역시 이런 내 마음에 호응해주게 마련이다.

법칙 11
목표는 내 사업을 성장시키는 경쟁력이다

나카야마가 재무를 담당하고부터 곧바로 감사법인도 채용했다. 그리고 5년 이내 주식을 상장하기로 목표를 정했다. 기한이 정해지지 않은 목표는 내게 아무런 의미가 없다. 기한을 정해 구체적인 목표를 세워야 이에 따른 세부 계획을 세울 수 있고, 지금 무엇을 해야 할지 명확하게 알 수 있기 때문이다.

이후 나카야마와 힘을 합쳐 주식 공개를 위한 토대 마련에 온 힘을 다 쏟았다. 우선은 시노자키야의 영업과 재무를 탄탄하게 만드는 데 매달렸다. 뒤에 자세히 이야기하겠지만, 영업 면에서는 취약한 판매채널과 결별하고 제조도매업에서 제조소매업으로 사업형태를 바꾸기로 결정했다. 이를 위해 '3대째 시계조'라는 브랜드의 인지도 강화를 염두에 둔 외식점 출점에 주력했으며, 이에 따라 한 달에 한 곳씩 문을 열어 1년 동안 직영점 12곳을 개업했다. 이후에도 프랜차이즈 사업에 박차를 가하는 한편 이와 병행해 '3대째 시계조' 브랜드로 소매점 영업을 시작했다. 그리고 2년 동안의 노력을 통해 드디어 '3대째 시계조' 브랜드가 인지도를 얻기 시작했을 때 본격적인 소매점 프랜차이즈 사업을 전개했다.

여기에서 한 가지 짚고 넘어가야 할 것은 시노자키야는 '어디까지나 두부 제조업체이며, 따라서 공장가동률이 가장 중요하다'는 점이다. 아무리 외식점을 낸다 해도 외식점의 점포당 두부 소비량은 뻔했다. 생산량이 비약적으로 늘어날 수 없는 구조였다. 이에 비해 소매점은 압도적으로 두부 소비량이 많다. 때문에 외식사업은 2년 동안 5억 엔의 적자를 기록했고 본격적인 소매업 프랜차이즈 사업을 전개한 지 3년째가 되어서야 비로소 시노자키야는 흑자로 전환할 수 있었다. 이 과정에서 시노자키야는 재무적인 어려움을 겪어야 했다. 적자를 내는 2년 동안, 증자로 자금을 조달하고 은행에서 차입 조달을 반복함으로써 주주와 은행에 언제나 커다란 부담감을 느껴야 했다.

그러나 이때 나로서는 주주와 은행힌테 '반드시 성공한다'라는 미래의 명확한 비전을 몇 번이나 끈질기게 설명하는 수밖에 별 도리가 없었다. 정신적으로도 견디기 힘든 날들이 이어졌다.

하지만 여기서 중요한 점은 공장의 생산량 증가가 매출의 중심이라는 것을 뻔히 알면서도 이보다는 오히려 브랜드 구축을 우선시했다는 점이다. 뒤의 70쪽에서 자세히 설명하겠지만, 적자가 날 것을 뻔히 알면서도 슈퍼마켓과의 거래를 끊었다. 그리고 적자라는 어려운 상황을 견디면서 오직 흑자를 향해 달린다는 전략을 끝까지 고집했다.

시도하지 않으면 성공도 실패도 없다

내가 처음 주식 상장을 생각하게 된 계기는 아주 단순하다. 야후재팬이 매출 3, 4억 엔일 때 상장했다는 이야기를 들었기 때문이다. 1997년 당시 시노자키야는 유한회사에서 주식회사로 변경했고 1996년 10월~1997년 9월의 제11기 때, 시노자키야의 매출액은 4억 2,163만 8,000엔이었다. 이 해에 도쿄증시 마더스라는 신흥시장이 탄생했다.

"두부회사도 주식을 상장할 수 있을까요?"

내가 알고 지내던 컨설턴트에게 이렇게 물었더니 "야후재팬도 연 매출액 4억 엔일 때 주식을 상장했습니다"라는 이야기를 들었던 것이다.

두부업계의 시장 규모는 커졌지만 주식을 상장한 기업은 단 하나도 없었다. 만일 내가 성공한다면 업계 최초라는 쾌거를 이루는 셈이다. 무슨 일이든 앞서가는 것을 좋아하고 남이 하지 않는 일에 도전하는 것을 즐기는 내게 정말로 귀가 솔깃해지는 이야기가 아닐 수 없었다.

그래서 두부 관련 제품 시장에 대해 조사해보았더니, 일본 전국에서 한 가구당 한 달에 두부 관련 제품을 사는 데 평균 1,000엔을 소비한다는 결과가 나왔다. 이를 단순히 계산하면 연간 6,000억 엔의 시장이 된다. 그런데도 두부업체들은 연간 3,500억 엔의 매출밖에 올리지 못했다. 이는 슈퍼 납품가격이 낮아 소비가격 사이의 차액을 슈퍼에 몽땅 바치고 있기 때문이다. 이에 따라 소비자는 값비싼 두부를 사 먹고 있는 셈이었다. 약 6,000억 엔으로 추정되는 두부 시장 규모에는 외식산업에 공급되는 두부는 포함시키지 않았다.

사실 외식점에서는 의외로 두부 요리 메뉴가 많다. 예를 들어 선술집 체인점 같은 곳에서는 두부튀김이나 두부스테이크가 인기 메뉴이며, 히야얏코(찬 날두부를 작게 썰어서 양념간장에 찍어 먹는 음식 - 편집자 주) 역시 오랫동안 변함없이 즐겨 찾는 술안주다. 이런 외식산업에 납품하는 두부는 동네의 작은 두부가게가 아니라 대규모 생산라인을 갖춘 전문적인 두부 제조업체나 종합식품회사에서 만든다. 이런 외식산업 납품 시장은 약 4,000억 엔이다. 결국 두부시장을 전부 합치면 시장 규모가 약 1조 엔 정도 된다는 말이다. 그런데도 주식을 상장한 두부회사가 단 하나도 없다는 사실은 정말로 의외였다. 그래서 나는 주식을 상장하는 제1호 두부회사가 되기로 결심했다. 이런 이유로 두부장수가 감히 주식 상장을 위한 사업계획을 세우기 시작한 것이다.

2 원하는 것을 얻기 위해 대가를 지불하다

원가를 얻으려면 원가를 버려야 할 때가 있다.

주식 상장이라는 목표를 달성하기 위해 장애가 된다면 그것이 매출의 80% 이상이라도 과감히 포기할 줄 알아야 한다. 커다란 결단의 이면에는 흔들리지 않는 신념을 바탕으로 한 전략이 필요하기 때문이다.

법칙 13

과감한 결단이 필요할 때도 있다

나는 2000년에 그전까지 8억 4,000만 엔으로 매출의 85%를 차지하고 있던 슈퍼마켓 도매 거래를 그만둔다는 결정을 내렸다. 이는 미쳤다고밖에 생각할 수 없는 결단이었으며, 슈퍼마켓에 의한 식민지 지배에서 벗어나기 위한 독립운동이기도 했다.

내가 나카야마와 의논한 후 이런 결정을 내린 이유는 시노자키야의 사업 핵심을 슈퍼마켓 도매업에 의존해서는 주식 상장이라는 목표는 절대 이룰 수 없다는 사실을 깨달았기 때문이다. 슈퍼를 상대로 하는 장사는 아무래도 수익이 적을 수밖에 없다. 납품가격을 낮추라는 압력이 심해 이익률이 해마다 떨어지고 있었기 때문이다. 앞에서 말한 것처럼, 두부를 만들어 도매로 납품하는 사업만으로는 결국 납품처로부터 납품가격 인하 압력에 시달리고 이에 응하지 않으면 곧바로 거래가 끊기는 처량한 처지가 되고 만다. 이 같은 경우는 슈퍼와 두부업체 사이에서 아주 흔하게 벌어지는 일이며 결국 두부업체는 슈퍼의 식민지가 되는 셈이다. 현실적으로 두부업체들은 자신들이 만든 두부의 납품가격을 스스로 결정할 수 없다. 슈퍼로부터 거의 원가나 다름없는 납품가격을 강요당하고도 이를 견뎌내야 한다.

물론 슈퍼와 첫 거래를 틀 때 슈퍼가 차지하는 이익은 소매가격의 25%였다. 그러나 이 이익은 해마다 상승해 2000년에는 무려 60%에 이르렀다. 이렇게 되면, 제아무리 열심히 두부를 팔아도 얻을 수 있는 이익은 한정되어 있다. 게다가 생산설비를 해마다 교체하고 있었기 때문에 납품가격을 소비자가격의 40%로 넘겨서는 거의 수익이 나지 않는다. 또한 올 한 해를 무사히 넘겼다 해도 다음 해에는 또다시 새로운 가격인하 교섭을 해야 한다. 이대로 가다가는 점점 더 재무구조가 악화될 것이 뻔하다. 제조도매업에는 늘상 이런 어려움이 따라다닌다. 당시에는 대형슈퍼 체인 1개사가 시노자키야 매출 비중의 65%를 차지하고 있었다. 그러므로 거래가 끊기면 그날로 시노사기야는 도산할 수밖에 없는 처지였다.

법칙 14
어려울수록 기본에 충실한다

두부장사는 옛날 에도시대(1603~1867년까지의 일본의 봉건시대 – 편집자 주)부터 이어져 내려온 전통적인 상업이다. 두부는 아주 오랫동안 일본인들의 역사와 문화 속에서 깊이 뿌리를 내리고 살아 숨쉬고 있다. 어느 마을이든 두부가게는 꼭 있었으며, 자전거를 타고 두부를 팔러 다니는 두부장수의 나팔 소리 역시 일본인들의 기억 속에 생생하게 남아 있다.

원래 두부장사는 제조소매업으로 대대로 가업을 통해 이어져 왔다. 그런데 일반 소비자에 대한 판매보다 슈퍼나 백화점에 납품하는 비중이 높아지면서 두부업계 전체가 흔들리기 시작했다. 슈퍼나 백화점이 구매자라는 생각 때문에 더 이상 슈퍼에 대해 강한 이의제기를 할 수 없게 되었다. 슈퍼에 손님을 빼앗긴 영세한 상점가는 활기를 잃었고 가격인하를 강요당한 끝에 두부장사는 더 이상 수익을 기대할 수 없는 상황이 되면서 가업을 잇는 숫자도 줄어들었다. 이런 이유로 매년 백

개나 되는 두부가게들이 폐업 위기를 맞는다. 이는 두부 제조업체보다 슈퍼 같은 유통업체가 돈을 버는 구조로 시대가 바뀌었기 때문이다. 이런 구조에서 벗어나기 위해서는 슈퍼와의 거래를 끊는 수밖에 없었다.

그러나 슈퍼와 거래를 끊는다고 해도 편의점에 도매로 납품해서는 의미가 없으며, 도매처를 백화점으로 바꾼다고 해도 결과는 마찬가지다. 납품처에 가격 결정권을 빼앗긴다면 처음에 아무리 좋은 조건으로 거래한다고 해도 시간이 지나면 다시 가격 인하를 요구할 것이 불 보듯 뻔하기 때문이다.

그렇다면 주도권을 빼앗기지 않으려면 어떻게 해야 할까?

두부장사는 원래 제조소매업이었으므로 원점으로 다시 돌아가면 된다. 아버지도 어머니도 동네 상점가에서 제조소매업으로 먹고살았고 아이들을 키웠다. 이런 원점으로 되돌아간다면 다시 새 출발을 할 수 있지 않을까? 이미 시노자키야의 사업 규모는 동네 두부가게 수준을 뛰어넘어 크게 성장했지만, 규모가 크든 작든 제조소매업으로 장사하지 못할 이유가 없다.

당시에는 저가 의류업체인 '유니클로'가 급성장해 관심을 끌고 있었다. 그런 저가 상품으로 막대한 수익을 낼 수 있었던 이유는 기획에서 제조판매까지 모두 유니클로 자사에서 담당했기 때문이다. 유니클로가 성공했으니 시노자키야라고 성공 못 할 이유가 없다. 그래서 나는 나카야마 부사장과 의논한 후 첫 번째 목표로 우선 자금을 조달해 브랜드 파워를 키우기로 했다. 외식점을 내고 이를 통해 '시게조'라는 브랜드의 인지도를 높여간다는 계획이있다. 200엔 균일의 무인(無人) 두부 판매점이나 두부 요리 외식점, 주류판매점과 제휴한 소매점 사업 등도 바로 여기에서부터 시작되었다.

3 슈퍼마켓과 거래를 끊기 위해 자금을 조달하다

작은 회사에서 자금조달 문제는 언제나 어려운 과제다.

그러나 이를 위한 최대의 돌파구 역시 '사람'이었다. '이 사람이라면 투자해도 괜찮겠다'는 신뢰관계를 어떻게 구축할 것인가? 이는 평소의 태도와 신념이 평가를 받는 순간이기도 하다.

보이지 않는 최고의 자산 신뢰로 협력을 이끌어낸다

내 손에 자금이 없는 한, 슈퍼와 거래를 끊는 일은 불가능하다. 따라서 어떻게 자금을 조달해야 할지가 가장 큰 문제다. 주식 상장을 위한 사전 작업을 하기 위해 사무실을 빌렸다. 6평 정도에 불과한 작은 사무

실에서는 나와 나카야마, 그리고 사무 여직원 한 명이 일했다. 나카야마와 둘이서 자금을 구하러 돌아다녔지만, 처음에는 어떤 벤치캐피털에서도 상대해주지 않았다.

한 대형 증권회사의 애널리스트는 내 사업계획서를 보고 책상에 내팽개쳤을 정도였다. 상황이 이쯤 되자, 오히려 '어디 두고 보자'하며 마음속 한 편에서 오기가 생기기 시작했다. 은행과 증권회사를 가리지 않고 일일이 방문하며 자금을 구하러 다녔다. 그러나 내 생각과는 달리 반응들이 영 신통치 않았다. 포기를 모르는 나조차도 점차 좌절감에 휩싸이기 시작했을 때 구원의 손길을 뻗은 곳이 시노자키야에 콩을 납품해주던 스즈키물산과 혼다트레이딩이었다.

혼다트레이딩은 혼다기연공업(本田技研工業) 계열사로 미국의 농산물을 수입하는 곡물 수입상사이다. 이전부터 스즈키물산과 거래하던 인연으로 '시노자키야'에 콩을 납품하고 있었다. 나는 지푸라기라도 잡는 절박한 심정으로 두 회사를 열심히 설득했고 두 회사로부터 무려 5,000만 엔씩 투자한다는 약속을 받아냈다. 혼다트레이딩은 대기업이므로 5,000만 엔이라는 자금이 그리 큰 부담은 아니었을 테지만 그래도 쉽지 않은 결단이었을 것이다.

그리고 스즈키물산의 입장에서 5,000만 엔은 아주 큰돈이었다. 모두 나와의 인연과 신뢰관계 때문에 이런 거금을 융자해주었으니 그저 감사할 따름이었다. 그 외에도 나카야마와 친분이 있던 증권회사가 자금을 융통해주었다. 이 세 회사의 도움으로 1억 3,000만 엔이라는 제1

차 증자가 실현되었다. 이렇게 해서 주식 상장으로 향해 가는 이정표가
눈에 그려지기 시작했다.

사업계획서보다 열정이 더 중요하다

　제1차 증자가 실현되자 '시노자키야'를 바라보는 사람들의 시선이
달라졌다. 혼다 계열사가 시노자키야에 투자를 했다는 소문이 파다하
게 퍼져, 여러 벤처캐피털 회사에서도 흥미를 보이기 시작했다. 그때
까지 뒤도 돌아보지 않던 벤처캐피털 회사들이 적극적인 자세를 보였
고 은행에서도 투자상담에 호의적인 반응을 보였다. 이때 나는 제2차
증자를 위해 움직이기 시작했다. 증자를 위한 투자설명회에서는 원고
도 사전연습도 없었다. 언제나 준비 없이 바로 들어가 말하고 싶은 것
을 마음껏 말해버리는 것이 내 스타일이다.

　그런데 어느 날 질의응답 시간에 "IPO에 대해 어떻게 생각하십니
까?"라는 질문이 나왔다.

　부끄러운 얘기지만, 당시 나는 금융 지식에 대해서는 전혀 아는 바
가 없었다. 그렇다고 해서 "그게 뭡니까?"라고 되물을 수도 없는 노릇
이었다. 너무나 당황해서 등에 식은땀이 흘러내렸다.

　그러나 이럴 때일수록 우물쭈물했다가는 증자는 물 건너가고 만다.

이렇게 된 이상 오히려 당당하게 나가야겠다고 마음먹었다. 그래서 바로 이때다 싶어 내 꿈 이야기를 시작했다. 쇠퇴해가는 전국의 두부가게들을 일으켜 세우고 두부업계에 개혁을 꾀하고 싶다. 이를 위해 직판체제를 성공시켜 장래에는 전국적 규모로 확대하고 싶다. 판매가 호조를 보이면 새 공장을 지으려 한다. 투자가 여러분들의 기대에 절대 어긋나지 않도록 최선을 다할 각오가 돼 있다 등등. 나는 혼신의 힘을 다해 열정을 담은 연설을 쏟아냈다.

설명회 회장을 나온 후에 나카야마에게 "그런데 IPO가 도대체 뭐냐?"하고 물으니 그는 한심하다는 표정을 지었다.

"모르셨어요? 주식 신규 공개를 말하는 겁니다."

"뭐야? 처음부터 우리말로 쉽게 얘기하면 될 거 가지구."

이런 상황이었다. 이래서는 증자도 성사되기 어렵겠구나 하고 걱정하고 있었는데 다행히 그날 중에 OK 사인이 떨어졌다. 나의 열정이 투자자들의 마음을 움직인 것이 아닐까 생각했다. 전화위복이란 바로 이런 경우를 두고 하는 말이구나 싶었다.

이처럼 증자가 순조롭게 진행되고 있을 때 지금까지도 기억에 남을 만큼 인상적인 사건이 있었다. 시노자키야와 거래하는 인연으로 커피콩 볶는 사업과 관련 상품의 제조판매를 담당하는 상장회사 '유니카페'의 오오다케 히로유키 사장을 만났을 때의 일이었다. 술자리였는데 나는 별뜻없이 "이번에 다시 증자를 생각하고 있습니다"라고 말했더니, 그는 느닷없이 단도직입적으로 물었다.

"얼마나 필요한데?"

"가능하다면 5,000만 엔 정도요."

"알았어."

이야기는 이것으로 끝이었다. 자료와 실적 확인 절차 등이 전혀 필요없었다. 같은 제조업체의 최고경영자 신분으로 서로의 고충을 너무나 잘 알고 있었기 때문에 가능한 일이 아니었나 생각한다.

"너라면 할 수 있어."

그는 이 말 한마디만 던지고 흔쾌히 자금을 융자해주었다. 오오다케 사장님에게는 감사하다는 말 이외에 달리 드릴 말씀이 없다.

제2차 증자에 이어 추가 증자를 반복하며 마지막으로 상장하기까지 조달한 자금은 총 7억 엔 정도였다. 이렇듯 자금 조달이 원활하게 이뤄져 예정대로 슈퍼와 거래를 끊을 수 있었다. 그리고 다음 단계는 '3대째 시계조 두부'의 브랜드 파워를 높이는 일이었다. 그 첫걸음이 외식점 프랜차이즈 사업이다.

1. 함께할 사람에게 모든 걸 믿고 맡겨라

'일본 제일의 두부장수'의 꿈을 이야기하고 내가 만든 두부를 먹어보라고 권하면서 열심히 설득했다. 이런 내 열의에 져 그는 드디어 입사를 결심하게 되었다.

2000년 4월 1일에 입사한 그에게 입사한 지 일주일 만에 나는 회사 도장과 내 개인 도장을 맡겼다. 그는 무척 곤란한 듯한 표정을 지었지만 이게 바로 내 방식이다. 일단 믿기로 작정한 사람에게는 내 사람이라고 생각하고 모든 것을 맡긴다. 내 쪽에서 먼저 상대방을 신뢰하면 상대방 역시 이런 내 마음에 호응해주게 마련이다.

2. 목표는 내 사업을 성장시키는 경쟁력이다

주식 상장 시기를 5년 이내로 잡았다. 기한이 정해지지 않은 목표는 내게 아무런 의미가 없다. 기한을 정해 구체적인 목표를 세워야 이에 따른 세부 계획을 세울 수 있고, 지금 무엇을 해야 할지 명확하게 알 수 있기 때문이다.

이후 나카야마와 힘을 합쳐 주식 공개를 위한 토대 마련에 온 힘을 다 쏟았다. 우선은 시노자키야의 영업과 재무를 탄탄하게 만드는 데 매달렸다.

3. 전례가 없다면 내가 직접 해본다

두부업계가 크다고 해도 주식을 상장한 기업은 단 하나도 없었다.

만일 내가 성공한다면 업계 최초라는 쾌거를 이루는 셈이 된다. 무슨 일이든 앞장서는 것을 좋아하고 남이 하지 않는 일에 도전하기를 좋아하는 내게 정말로 귀가 솔깃해지는 이야기가 아닐 수 없었다. 두부의 시장규모는 약 1조 엔이다. 그런데도 주식을 상장한 두부회사가 하나도 없다는 사실은 정말로 의외였다.

그렇다면 내가 주식을 상장하는 두부회사 제1호가 되겠다고 결심했다. 이런 이유로 두부장수가 감히 주식 상장을 위한 사업계획을 세우기 시작한 것이다.

4. 더 큰 성공을 위해 대가를 지불하다

나는 2000년에 그전까지 8억 4,000만 엔으로 매출의 85%를 차지하고 있던 슈퍼마켓 도매업을 그만둔다는 결정을 내렸다. 이는 미쳤다고밖에 생각할 수 없는 결단이었으며, 슈퍼에 의한 식민지 지배에서 벗어나기 위한 독립운동이기도 했다.

내가 나카야마와 의논한 후 이런 결정을 내린 이유는 시노자키야의 사업 핵심을 슈퍼마켓 도매업에 의존해서는 주식 상장이라는 목표는 절대 이룰 수 없다는 사실을 깨달았기 때문이다. 슈퍼를 상대로 한 장사는 아무래도 수익이 적을 수밖에 없다. 납품가격을 낮추라는 압력이 심해 이익률이 해마다 떨어져 가고 있었기 때문이다.

5. 사업계획보다 중요한 건 사업에 대한 열정이다

이렇게 된 이상 오히려 당당하게 나가야겠다고 결심했다. 그래서 바로 이때다 싶어 내 꿈 이야기를 펼치기 시작했다. 쇠퇴해가는 전국의 두부가게들을 일으켜 세우고 싶다. 두부업계에 개혁을 꾀하고 싶다. 이를 위해 직판체제를 성공시켜 장래에는 전국적 규모로 확대하고 싶다. 판매가 호조를 보이면 새 공장을 지으려 한다. 투자가 여러분들의 기대에 절대 어긋나지 않도록 최선을 다할 각오가 돼 있다 등등. 나는 혼신의 힘을 다한 열띤 연설을 쏟아냈다.

설명회 회장을 나온 후에 이래서는 증자도 성사되기 어렵겠구나 하고 걱정하고 있었는데 그날 중에 OK 사인이 떨어졌다. 뜻밖의 공명(功名)이요, 전화위복이란 바로 이런 경우를 두고 하는 말이구나 싶었다.

stage 03

다양한 판로개척으로
판매를 확대하다

외식체인점, 주류판매점 등 판매망 다변화를 시도하다

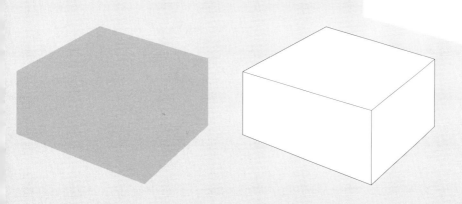

1 직판체제로 인지도를 높이다

'브랜드' 인지도가 높으면 값이 비싸도 팔린다.

그러므로 할인해 싼값에 팔아서는 안 된다고 생각하는 사람들이 많다. 그러나 브랜드 파워의 기초는 상품의 인지도에 있다. 상품에 자신이 있다면 우선은 한 사람이라도 더 많은 사람에게 알리는 것이 중요하다.

싸고 좋은 제품은 고객이 먼저 알아본다

2000년에 슈퍼마켓과의 거래를 모두 끊고 두부사업의 원점인 제조소매업으로 되돌아오기로 결심했을 때 시노자키야의 연매출은 8억 4,000만 엔이었다. 슈퍼와의 거래를 끊자 매출의 85%가 사라졌다. 그리고 이때 주식 상장을 위한 본격적인 준비에 착수했다.

슈퍼마켓에 두부를 도매로 납품했을 당시에 시노자키야는 두부를 하루 5만 모 생산했다. 당시 두부 한 모의 원가는 24엔에서 28엔 정도였다. 그런데 슈퍼마켓에 납품을 그만두자 하루 생산량이 5만 모에서 2000모로 줄었다. 이에 따라 제조원가는 80엔으로 뛰어올랐다. 게다가 기계설비의 감가상각비도 있었다. 그러나 중요한 문제는 어찌됐건 간에 생산한 두부를 어딘가에 팔아야만 한다는 점이었다.

제1차 사업계획으로 백화점이나 역과 연결된 쇼핑센터에 금방 만든 두부의 판매점을 낸다는 계획을 세웠다. 두유를 판매점으로 가져가 거기서 응고시켜 두부를 만든다는 구상이었다. 금방 만든 따끈따끈한 두부의 참맛을 조금이라도 많은 사람들에게 맛보게 하고 싶었기 때문이다.

하지만 이런 내 생각은 결국 실패로 돌아갔다. 금방 만든 두부는 확실히 맛이 있다. 하지만 이를 역과 연결된 쇼핑센터에서 판다면 집으로 가지고 돌아갔을 때에는 이미 식어빠져서 집 근처의 슈퍼에서 파는 두부랑 다를 게 없었다. 게다가 판매점에서 두부를 직접 만드는 데 필요한 설비 비용이 많이 들고, 고정비도 늘어나므로 어쩔 수 없이 두부를 비싼 값에 팔아야 한다. 하지만 아무리 맛있다고 해도 이런 비싼 두부를 살 손님은 한정돼 있으므로 시장 규모도 작고 사업 수익성도 낮다.

백화점이나 역 쇼핑센터에 점포 셋을 냈을 때, '아, 실패했구나'라는 사실을 깨달았고 1년 안에 접고 말았다. 사업성도 안 좋고, 방향도 잘못 잡았던 것이다. 그리고 다음으로 선택한 방법이 공장직판점이었다.

　아무리 금방 만든 따끈따끈한 두부를 판다 해도 집 근처의 대형슈퍼한테는 당할 재간이 없다. 그러나 가까운 슈퍼보다도 '맛있는 두부를 싸게' 판다면 어떨까?

　마케팅 이론 중에 '시모노세키산(産) 복어 이론'이라는 것이 있다. 시모노세키산 복어는 일본 전국에서도 맛있기로 유명해 복어 때문에 시모노세키로 업자들이 몰려들고 일부러 복어 요리를 먹으러 찾아오는 손님까지 있다. '복어＝매력적인 상품'이므로 집객력(集客力)이 있는 것이다. 따라서, 맛있는 두부를 싸게 파는 직판점을 만들면 멀다 해도 반드시 사러 오는 손님이 있을 것이라는 가설을 세웠다. 하지만 점포에 점원을 둘 정도의 여유는 없으므로 모금함과 같은 상자에 손님이 직접 돈을 넣고 두부를 가져가는 셀프 판매방식을 취해야겠다고 생각했다. 그리고 이에 대한 사전실험으로 우선 가스카베 시에 있는 두부공장 앞에 1평 정도 되는 무인직판점을 만들고 두부 4모에 200엔으로 팔기 시작했다. 이렇게 하면 직판점이 공장 부지 안에 있으므로 임대료도 인건비도 들지 않고 200엔 균일이므로 계산도 딱 떨어져 거스름돈도 필요없게 된다.

　당시 시노자기야 두부는 비싼 제품의 경우는 슈퍼에서 180엔에 팔렸으며 싼 것도 120엔이나 했다. 그런데 직판점에서는 두부 한 모당 50엔꼴이므로 소비자에게는 아주 매력적으로 비춰진다. 즉, 새로운 부가가치가 붙은 것이다.

첫날 매상을 보고 나는 깜짝 놀랐다. 돈 상자에는 무려 7,800엔이나 들어 있었기 때문이다. 물론 별것 아니라고 생각하는 사람도 있겠지만 두부장사는 옛날 같으면 두부 사라는 나팔을 불면서 하루 종일 팔러 다녀도 1만 엔을 벌까 말까 하는 소규모 장사다. 게다가 두부공장 앞은 상점가에서 멀리 떨어져 있어 인적이 드문 곳이다. 이렇듯 입지조건이 최악인데도 맛있고 싸니까 잘 팔리는 것이다. 즉, '시모노세키산 복어' 이론이 증명된 것이다.

더욱 놀라운 사실은 며칠 지난 후에는 인근에까지 소문이 퍼져 저녁 시간대에는 두부를 사러 온 손님들이 행렬을 이룰 정도로 많아졌다는 점이다. 그리고 반년 후에는 하루 최고 10만 엔의 매상을 올리는 점포가 되었다.

법칙 18
브랜드 인지도를 높이는 판매 전략을 세운다

직판점의 성공에 대해서는 나 스스로도 어느 정도 승산이 있을 것이라 예상했다. 시노자키야의 주력상품인 '시계조 두부'는 슈퍼에서도 인기 있는 상품이었기 때문이다. 시노자키야가 슈퍼에 두부를 납품하면 지난해 대비 180%라는 놀라운 기세로 판매가 증가했다. 슈퍼에서 철수하기 직전까지도 수요를 못 좇아가 공급이 딸릴 정도였다. 그 정도로 인기 있었던 두부이므로 직판점에서 잘 팔리는 것은 당연할 거라고 생각했다. 게다가 공장 직판으로 두부 4모에 200엔이라는 싼 가격을 매겼으므로 안 팔릴 리가 없다고 생각했다.

그러나 직판점에서는 두부 4모에 200엔짜리만 있는 것은 아니다. 3모 200엔짜리도 있고 2모 200엔짜리, 한 모에 200엔짜리도 있었다. 안에 들어 있는 품질로 등급을 매겼던 것이다. 그러나 가격만은 모두 한 봉지에 200엔 균일로 정했다. 이처럼 균일가격으로 정한 이유는 당시 모든 제품을 100엔 균일가격으로 판매하는 100엔 숍이 유행하고 있었기 때문이다. 손님이 가장 손쉽게 살 수 있는 가격대를 노린 것이다.

이는 초밥집의 경우도 마찬가지다. '오도로(참치 뱃살 부위) 시가(時價)'라고 써 붙인 것을 본다면 겁이 나서 아무도 주문하지 못한다. 술김에 '오도로!'라고 소리쳐도 나중에 1관(3.75kg)에 2,000엔이라는 계산이 나오면 '안 먹었으면 좋았을걸' 하며 후회하는 것이 고작이다.

그런데 회전초밥집에서는 '흰 접시는 전부 100엔'으로 정해져 있으므로 가족 동반으로 가서 식구들에게 "맘껏 먹어라" 하고 큰소리 칠 수 있다. 게다가 균일가격이라고 안심해서인지 평상시보다 훨씬 많이 먹게 된다. 마찬가지로 100엔 숍에서도 싸다는 생각에 안 사도 될 물건까지 구입하게 되는데, 이것이 바로 사람의 심리다. 따라서 나도 직판점에 두부 제품을 다양하게 갖추고 두부 이외에도 낫도(일본의 청국장)나 곤약, 채소절임 등 다양한 상품들을 진열해놓았다. 그리고 이런 내 생각은 예상대로 적중했다.

그러나 잘 팔린다고 해도 두부 4모에 200엔이란 가격 책정은 팔면 팔수록 손해를 입게 된다. 임원회의를 열었더니 "계속하다가는 적자만 불어나니 당장 중지해야 한다"라는 말을 들었다.

"그럼 얼마에 팔면 되겠나?"

"원가가 80엔이니까 한 모에 200엔 이상 받지 않으면 채산이 맞지 않습니다"라는 대답이 돌아왔다.

나는 그때 이렇게 제안했다. 만일 두부 한 모에 200엔으로 팔 수 있다면 팔아봐라. 200엔으로도 팔리는 직판점이 많이 생긴다면 회사 입장에서도 이보다 좋을 수는 없다.

"팔 수 있다고 자신하는 사람부터 어서 그런 직판체제를 만들어 팔아봐라."

이렇게 말했더니 아무도 대답하는 이가 없었다. 그렇게 팔 수 있다면 처음부터 슈퍼마켓에 도매납품을 하지 않았을 것이며, 지금과 같은 고생도 할 필요가 없다. 대부분의 사람들은 이렇듯 착각하고 있었다.

하지만 내 생각은 달랐다. 지금은 두부 4모에 200엔을 받고 팔아 손해를 보더라도 괜찮다. '시게조'라는 두부 브랜드를 어떻게 해서든 세상에 알리는 것이 더 중요하기 때문이다.

더 큰 이익을 위해 작은 손실을 감수한다

'세상만사는 생각하기 나름'이라는 말이 있다. 공장가동률이 악화되고 원가가 상승했는데도 두부 4모에 200엔을 받고 팔면 적자가 날 수밖에 없다. 이런 경우에는 제조원가를 좀 더 낮추면 되는데, 제조원가를 낮추려면 공장가동률을 올리면 된다. 가동률이 올라가면 자연스럽게 원가는 내려간다.

그렇다면 가동률을 올리려면 어떻게 해야 할까? 4모 200엔이라도 좋으니 많이 파는 수밖에 없다. 그러려면 직판점을 늘려가는 수밖에 없다. 지금은 손해를 보고 팔지만 나중에는 반드시 회수할 수 있다는 자신이 있었다.

바로 이런 점이 다른 사람들과 다른 나만의 '거꾸로 발상'이다. 즉, NTT도코모의 휴대전화기와 같은 경우다. 내가 처음 산 휴대전화기는 신규가입으로 17만 엔이나 들었다. 이런 비싼 가격이 그대로 유지되었다면 휴대전화기는 결코 지금과 같이 널리 보급되지는 않았을 것이다. 하지만 휴대전화기를 대중에게 더 널리 보급하기 위해 신규가입의 경우 단말기 가격을 10엔이나 1엔에 팔던 때가 있었다. 기의 공찌니 다름없는 가격으로 팔아 너도나도 휴대전화기를 사용하게 함으로써 통화료로 수익을 올렸다.

그렇다면 시노자키야도 이와 똑같이 하면 된다. 그 무렵 나는 "앞으로는 직판점도 내려고 마음먹고 있는데, 이를 프랜차이즈 패키지(체인 본사가 가맹 아이템을 성공적으로 자질 없이 운영해나갈 수 있도록 하는 프로그램 – 편집자 주)로 하지 않으면 시노자키야의 미래는 없다"고 단언했다. 프랜차이즈 체인점이 늘어나면 더 많은 두부를 유통시킬 수 있다. 상품이 유통되면 공장가동률이 올라간다. 가동률이 올라가면 원가율은 내려간다는 원리다.

그렇지만 체인점이 늘어날 때까지, 즉 2000년 10월에서 2002년 9월까지 시노자키야는 매년 2억 3,000만 엔 전후의 적자를 냈다. 2년 동안 5억 엔의 적자를 기록한 것이다. "올해 안에 주식 상장을 하겠다"고 선언했음에도 1월, 2월 계속 적자상태가 이어졌다. 감사법인으로부터 "이런 상태로는 도저히 상장할 수 없다"라는 말을 듣고 대판 싸움이 붙은 적도 있다. 그러나 지금 생각해보면 이런 힘든 시기를 잘도 이겨냈구나 하는 생각이 든다.

두부 4모에 200엔으로 가겠다는 내 결단은 지금도 옳았다고 믿고 있다. 내가 자주 입에 올리는 말은 이 세상은 짝수냐 홀수냐 둘밖에 없다는 것이다. 짝수도 홀수도 아닌 중간에 멈춰 서는 주사위는 결코 없다. 역전타를 노리려면 흑이냐 백이냐 어느 쪽이든 결단을 내려야 한다.

2 '나다만' 방식으로 브랜드를 구축하다

브랜드에는 상품 자체의 힘을 뛰어넘는 '부가가치'가 숨어 있다.
식품이라면 공장에서 제조한 것보다 음식점에서 만든 것이 더 부가가치가 높다. 상품의 부가가치를 높이려면 상품을 제공하는 음식점을 만들면 된다. 이런 발상의 전환이 새로운 판로를 뚫고 브랜드를 구축하는 일거양득의 전략을 낳는다.

브랜드 파워를 높이면 상품가치도 올라간다

직판점에서만 두부를 팔아서는 부족하다. 이대로 가면 시노자키야의 두부는 어디까지나 공장에서 제조한 두부에 지나지 않는다. 그러면 어쩔 수 없이 시노자키야 두부에는 공장도 가격이 책정될 수밖에 없다.

그 이상의 부가가치는 생기지 않는다.

그렇다면 부가가치를 높이려면 어떻게 해야 할까?

이때 내가 생각한 것이 일본의 유명 음식점인 '나다만' 방식이다. 예를 들어 보통 식품회사가 만든 나물반찬이 슈퍼에서 100g에 100엔을 받는다고 가정해보자. 그러나 공장 원가가 이보다 더 싸다고 소비자에게 말해봤자 부가가치는 올라가지 않는다. 오히려 더 떨어질 뿐이다.

하지만 고급 전통요리점으로 유명하고 전국에 지점이 있는 '나다만'에서 만든 나물반찬이라고 한다면 100g에 300엔이라고 해도 잘 팔릴 것이다. 고급 전통음식점으로 유명한 '나다만'의 본점에서 식사를 한다면 적어도 일인당 몇만 엔은 지불해야 한다. 이렇게 생각하면 아무리 같은 나물반찬이라 해도 한 품목이 300엔 하는 '나다만'을 선택할 것이다. 그만큼 부가가치가 높기 때문이다. 또한 '나다만'의 나물반찬을 오늘은 특별세일이라 100엔에 판다고 한다면 아마 눈 깜짝할 사이에 팔려나갈 것이다. 이처럼 브랜드 파워에는 절대적인 힘이 있다.

그렇다면 시노자키야의 '시계조 두부'도 마찬가지 아니겠는가? 즉, '나다만' 방식을 두부에 응용하는 것이다. '시계조 두부'를 음식점에서 요리해 팔아 브랜드 파워를 높이는 것이다. 그 뒤에 두부를 판매한다면 시노자키야의 두부 가치는 분명히 올라갈 것이다. 게다가 이를 공장 출하 때와 같은 가격대로 출시한다면 더욱 부가가치가 높아질 것이다.

자동차 대리점처럼 오직 시노자키야 두부만을 취급하는 음식점이 프랜차이즈 체인점으로 점점 늘어간다면 새로운 비즈니스 모델로서 성공할 것이라고 생각했다. 그리고 이 아이디어는 보기 좋게 성공을 거둬 두부 요리를 주 메뉴로 하는 외식점 '3대째 시게조'는 큰 인기를 모았다. 이렇듯 주식 상장을 위한 준비가 착착 진행되고 있었다.

법칙 21
상품이 유통되는 구조를 만든다

시노자키야의 프랜차이즈 사업형태는 '외식'과 '소매' 두 분야이다. 처음에는 외식점 프랜차이즈 사업만 시작했는데, 이를 본격적으로 시작한 것은 2001년부터다. 도쿄의 번화가 시부야 소토에 두부 바인 'ToFu BAR Shingezo Syoutou'를 냈을 무렵, 매스컴에 많이 소개되었고, 일본 정보잡지인 《도쿄워커》의 인기투표에서도 그해 개업한 일본 요리 부문 1위를 차지하는 행운을 얻었다.

이것이 계기가 되어 프랜차이즈 사업을 하자는 제안이 들어왔다. 그중에서 중고서점 체인인 '북오프(BOOK OFF)'의 사카모토 다카시 사장으로부터 연락이 왔다. 사카모토 사장은 부업으로 고깃집을 운영하는데, 광우병 파동으로 인해 가게 매출이 떨어지고 있었다. 그래서 시노자키야 두부 바로 업종을 바꿔 프랜차이즈 사업을 하면 어떨지 내 의향을 물어왔다. 이 제휴가 원활하게 이뤄져 북오프의 이름으로 프랜차이즈 체인점을 모집하였고, 이에 따라 프랜차이즈 체인점이 급속하게 늘어났다. 외식점 체인점은 해마다 약 10개씩 늘어나 지금은 56개나 된다. 이 밖에 소매업 직영점도 12개로 늘어났는데, 그중 11곳을 프랜차이즈 체인점으로 바꿔 현재 직영점은 1개만 있는 상태다.

이렇게 직영점마저 프랜차이즈 체인점으로 바꾼 이유는 간단하다. 시노자키야는 프랜차이즈 사업을 전개할 목적으로 시작한 회사가 아니기 때문이다. 시노자키야의 목적은 어디까지 '3대째 시계조 두부'라는 브랜드 파워를 높이는 것과 두부의 제조소매업 판로를 개척하는 것이다. 이 전략이 성공한다면 외식업 점포 경영에서 손을 떼고 두부의 제조도매업과 소매업으로 특화해야 한다고 생각하기 때문이다. 주식 상장을 위해 달리기 시작한 초기에 '시계조'라는 브랜드는 소비자들에게 아주 생소해 소매점을 낸다 해도 아무도 '시계조'라는 브랜드를 아는 이가 없었다. 그러나 외식 붐이 일어나 프랜차이즈 체인점이 좋은 평판을 얻게 되자 '시계조' 하면 두부전문점이라는 인식이 퍼지기 시작했다. 잘만 되면 외식점 주변에 소매점을 내는 것이 내 전략이었다.

시노자키야는 제조업의 원점으로 돌아갈 것이다. 그러므로 외식점도 시노자키야가 직접 경영할 필요는 없다. 이 외식점은 시노자키야의 프랜차이즈 체인점이므로 그곳에는 당연히 시노자키야 상품이 납품된다. 이런 체제만 갖춰지면 된다. 시노자키야의 목표는 외식점을 늘리는 것이 아니고 어디까지나 제조업체로서 외식점에 두부를 공급하는 것이기 때문이다. 이것이 바로 시노자키야의 원점(原點)이다.

3 입지와상권 분석이 프랜차이즈 성공의 열쇠

무슨 일이든 실패는 늘 따라붙는다.

경험 없는 일에 도전할 때는 더욱 그렇다. 그러나 실패를 두려워해서는 절대로 앞으로 나아갈 수 없다. 실패 속에 진짜 중요한 교훈, 즉 새로운 활로를 개척할 수 있는 힌트가 숨겨져 있기 때문이다.

법칙 22

고객의 입장에서 생각한다

사업이 늘 순풍에 돛 단 듯 순조롭게 나아갈 수는 없다. 나 역시 외식점 프랜차이즈 사업에서 몇 번이나 실패를 경험했다. 시대의 흐름을 제대로 읽지 못해 고객의 입장에서 생각했다고 여겼지만 시점이 달랐기 때문이다.

당시 일본에서는 '이야시계(癒し系, 위안을 주는 물건, 사람, 동물 등)'라는 키워드가 유행하고 있었다. 시부야 소토에 두부전문점 '3대째 시게조(ToFu BAR Shigezo SyouTou)'를 개점했을 때 두부 바라는 이름처럼 두부요리를 주 메뉴로 삼아 아시아풍의 이국적 분위기를 연출해 젊은이들에게 큰 인기를 끌었다. 두부 바에는 젊은 여성과 커플들로 넘쳐났고 예상보다 장사가 아주 잘 돼 매스컴에도 취재해갈 정도였다.

처음으로 연 시부야 소토점이 큰 인기를 끌었으므로 자신감이 생긴 나는 "좋아, 이번에는 유행하는 이야시계로 가자"라고 결정하고 도부이세자키선 지선(支線)의 고시가야역 근처인 히가시고시가야에 새로운 두부전문점을 열었다. 그런데 이 두부전문점은 대실패를 하고 말았다.

두부전문점이 실패한 데에는 몇 가지 이유가 있지만, 그중 하나는 음식점 근처의 지역주민을 전혀 고려하지 않았다는 점이다. 새로 개업한 음식점 근처에는 주차장이 없었으며, 역에서 도보로 20분 이상 걸렸다. 물론 나 역시 아무런 생각 없이 그런 입지조건을 선택한 것은 아니다. 될 수 있는 한 임대료가 저렴하고 가능한 한 손익분기점을 낮추고 싶었다. 프랜차이즈 사업을 목적으로 할 경우, 손익분기점을 낮추고 손익분기점보다 훨씬 많은 매상을 올린다면 당연히 프랜차이즈 체인점을 희망하는 사람들이 많아질 테니 말이다. 게다가 될 수 있는 한 나쁜 입지조건에서 성공을 거둔다면 전국 어디에나 열 수 있을 거라는 게 내 판단이었다. 따라서 최악의 입지조건을 노렸던 것이다.

실패한 체인점을 통해 입지와
상권 분석의 중요성을 배운다

두부전문점은 개업한 지 얼마 되지 않았지만, 손님들이 물밀 듯이 밀려왔다. 지금까지 주변에 없었던 새로운 분위기의 음식점이었기에 30평 정도 되는 가게 앞에는 손님들의 행렬로 인산인해를 이룰 만큼 인기가 좋았다. 사람들의 입소문을 타고 유명해져 대성공을 거두었다고 생각하려던 참이었다. 음식점 주변은 주택가였고 뒤편에는 공원이 있어 차를 30대 정도 주차할 수 있는 공간이 있었다. 나는 차 30대 정도 주차할 공간이면 충분할 거라고 가볍게 생각했다. 그 정도면 주차장을 따로 만들지 않아도 어떻게 될 것이라고 안일하게 생각했던 것이다. 게다가 당시는 음주운전에 대한 사회적 규제가 그다지 엄격하지 않은 터라 이런 입지조건으로도 괜찮다고 여겼다. 여기까지는 내가 예상한 대로였다.

그런데 부근 지역주민들을 전혀 고려하지 않은 것은 큰 잘못이었다. 지역주민들로부터 노상 불법주차에 대한 불만이 빈번하게 제기되었다. 그래도 주차위반 사례가 이어지자 결국 경찰에 고발이 들어가 마침내

가게 문을 닫을 수밖에 없는 처지에 놓이게 되었다. 개업하고 고작 2개월이 지난 상황이었다. 여기서 가장 큰 판단 착오는 역시 입지조건을 잘못 선택한 것이리라.

그 후 도부이세자키선의 오부쿠로에 같은 음식점을 개업했지만 여기서도 보기 좋게 실패의 쓴잔을 마셨다. 오부쿠로역 근처에는 한적한 상점가가 있어 주차장도 확보할 수 있었지만, 막상 개업을 하니 시부야에서나 볼 수 있을 법한 화려한 인테리어로 치장한 음식점에 지역주민들이 찾아오지 않았다. 당시 유행 키워드였던 이야시계를 원하는 손님들이 전혀 없었던 것이다. 이번에는 입지조건이 아니라 상권에 대한 판단 착오로 인한 실패였다.

그래도 어떻게 해서든 실패를 만회해보려고 '음식뷔페'로 리모델링을 했다. 상권을 고려한다면 '음식뷔페' 같은 저렴한 음식점이 먹힐 것이라고 예상했던 것이다. 이번에는 틀림없이 성공할 것이라고 자신했다. 하지만 점심시간 때에는 어느 정도 손님들이 찾아왔지만, 저녁시간이 되자 손님 발길이 뚝 끊겼다. 특히 저녁시간의 '음식뷔페'에 시간 제한을 두자 거짓말처럼 손님 그림자도 구경할 수 없게 되었다. 발버둥치면 칠수록 더욱 깊은 늪 속에 빠져 들어가는 것처럼 도무지 수습이 되지 않았다. 입지와 상권에 대한 판단착오가 이 같은 대실패를 초래한 것이다.

실패를 인정하고 '원점'에서 다시 시작한다

이런 실패경험은 프랜차이즈 사업을 할 때에만 있었던 것은 아니다. 2000년에 시노자키야 본사가 있는 빌딩 4층에 개업한 직영점 '3대째 시계조'(주소 사이타마현 고시가야시 센겐다이니시)에서도 몇 번이나 실패를 경험해야 했다. 이곳은 직영점 '3대째 시계조' 제1호점이었기 때문에 대규모로 만들기로 결정하고 주변에서는 찾아볼 수 없는 150평 규모의 외식점을 개업했다.

개업한 후 처음에는 호기심을 품고 손님들이 자주 찾아왔고 평판도 좋았다. 문제는 여기서부터다. 점차 매출이 줄어들어 어떻게든 만회해 보려고 이것저것 고민한 끝에 나는 '아마 두부 메뉴만 있어서 손님들이 질린 모양이다'라고 생각하게 되었다. 그래서 메뉴에 생선 요리를 넣기로 결심했는데 이것이 내 최대의 실수였다. 이미 앞에서도 말했듯이, 수산가공품은 수득률이 제일 떨어지는 상품이다. 이런 생선 요리를 메뉴에 넣는 실수를 범하고 만 것이다. 생선을 한 마리 사서 요리해 이를 손님에게 싼값에 제공해서는 원가는 아주 높아지지만 이 원가를 절대로 뽑아낼 수 없다. 게다가 근처에 음식점들이 점점 많아지는데 이곳은 규모가 가장 큰 음식점이기 때문에 받는 영향 또한 이만저만 큰 것이 아니었다. 새로운 음식점이 생겨 손님들이 그쪽으로 몰리면 자연스레 이쪽으로 오는 손님은 줄어들게 마련이다. 게다가 '3대째 시계조'는 젊은 사람들을 주 고객층으로 삼고 있었는데, 주위에 젊은이를 대상으로 한 음식점이 생기면 엄청난 타격을 받게 된다.

이전까지는 주 고객층의 범위를 좁혀 확실하게 공략한 것이 성공을 거둘 수 있었던 비결이었다. 하지만 이는 시부야의 소토점처럼 30평 정도의 소규모 음식점에서나 잘 맞을 뿐 150평이나 되는 대규모의 음식점에서는 적합하지 않았다. 게다가 지방 소도시에서 150평이라는 음식점은 너무 규모가 컸다. 시부야 소토점을 기준으로 생각한 것이 잘못이었던 것이다. 그런 까닭에 '3대째 시계조' 제1호점은 적자의 늪에서 허우적거려야 했다.

그 후에도 1,050엔(소비세 포함)의 점심메뉴에 두유케이크와 주스를 마음껏 먹을 수 있도록 하거나 최고급 재료로 만든 일품요리로 바꿔보기도 했다. 그래도 여전히 손님 수는 줄어갈 뿐이었다. 과감히 제조소매업으로 돌아가기로 마음먹고 가게 문을 닫을까도 진지하게 고민했다. 그러나 이렇게 물러서기에는 너무 억울했다.

"이래선 안 된다. 다시 한 번 시작해보자."

실패에서 다시 일어서는 것도 내가 가진 장기 중 하나다.

4 독창적인 아이디어가 경영 위기를 구하다

위기가 바로 기회라는 말은 참말이다.

사람은 위기에 처할수록 죽을힘을 다해 생각하기 때문이다. 현장을 보고, 손님을 보고, 상품을 보자. 안테나를 높이 세우고 주위를 살펴보라. 그리고 거꾸로 생각해보라. 위기를 넘길 수 있는 아이디어를 틀림없이 발견할 수 있을 것이다.

법칙 25

덤 마케팅으로 단골 고객을 확보한다

직영점인 '3대째 시계조' 제1호점은 몇 번이나 경영 위기를 맞았다.

그러나 그때마다 독창적인 아이디어로 이런 위기에서 벗어날 수 있었다.

그렇다면 수익성이 떨어지는 음식점을 어떻게 일으켜 세우면 좋을까?

규모가 커질수록 임대료나 설비에 많은 비용이 들어간다. 요즘 음식점들은 특히 초기 설비투자에 많은 비용을 들이고 있어 시노자키야도 사이타마현 주변에서 음식점을 개업하는 데 1억 엔 정도의 자금이 들었다. 이것이 전부 고정비가 된다. 다시 말해, 손님이 많든 적든 고정비는 똑같이 든다는 뜻이다. 게다가 규모가 큰 가게라면 인건비 역시 만만치가 않아 매달 일정 규모의 고정비를 지출해야 한다. 중요한 것은 가게의 규모가 클수록 본래는 변동비였을 비용마저 전부 고정비가 돼버린다는 점이다. 고정비의 비중이 높아지면서 최소한 얼마 이상의 수익을 내야 한다는 족쇄가 생긴다.

이런 문제로 고민을 하던 중에 나는 '가면라이더 스낵'을 문득 떠올렸다. 나처럼 1960년대에 태어난 사람들이라면 모두 공감할 터인데, 옛날 '가면라이더 스낵'의 덤으로 주는 방식을 '3대째 시계조' 제1호점에 도입해보면 어떨까 생각했다. '가면라이더 스낵'의 과자 맛은 사실 그저 그랬지만 과자와 같이 끼워 파는 카드가 갖고 싶어서 많이들 사 먹었다. 이것이 큰 인기를 끌어 사회현상이 될 정도였다.

"이거다!" 하는 생각이 들었다.

즉, 점심메뉴에 덤으로 무언가를 제공하는 방식이다. 점심을 먹으러 왔더니 "어라, 서비스 음식이 이렇게 많네!"라고 말할 정도로 덤을 주는 것이다. 이를 위해 우선 일품요리는 포기한다는 방침을 정했다. 아니, 비록 일품요리를 제공한다고 하더라도 이는 '가면라이더 스낵'으로 말하면 어디까지나 '과자'에 불과할 뿐이다. 그렇다면 정작 중요한 '덤'에 해당하는 카드는 무엇으로 해야 할까 고민했다. 이것이야말로 손님을 다시 찾아오게 만드는 가장 중요한 핵심요소이기 때문이다.

독특한 서비스로 고객이 스스로 광고하게 한다

덤 중 하나는 케이크와 음료수를 공짜로 제공하는 것이지만, 나는 또 하나의 필살기를 생각해냈다. 우연히 자회사의 판매점에서 발주를 잘못한 탓에 곤약이 남아돌아 10상자 정도가 냉장고에 재고로 남아 있었다. 이 곤약을 이용해보려고 궁리한 끝에 '그렇다면 오늘은 곤약 미소덴가쿠(곤약 꼬치에 된장으로 만든 소스를 바른 일본 향토요리 – 편집자 주)를 손님들에게 서비스하자'는 생각을 하게 되었다.

그러나 이것은 "어디까지나 서비스"라고 말하고 오뎅 그릇에 곤약을 삼각형으로 잘라 넣고 그 앞에 미소덴가쿠 소스를 놓아두었다. 그러자, 점심을 먹으러 온 손님들이 맛있겠다며 몰려들어 곤약 미소덴가쿠는 눈 깜짝할 사이에 전부 사라졌다. 곤약 미소덴가쿠가 인기가 있다면 두부도 공짜로 제공하면 좋을 거라고 생각해 금방 만든 두부를 서비스로 냈더니 이것 역시 손님들에게 큰 인기를 모았고 유바(두유를 끓여 그 표면에 생긴 얇은 막을 걷어서 말린 식품. 두부피 – 편집자 주) 역시 인기를 끌었다.

보통 점심에 케이크와 음료수가 공짜라고 하면 제일 먼저 케이크를 집어 재빨리 먹고 가는 사람들이 많았다. 그런데 서비스 음식을 제공했더니 미소덴가쿠 쪽으로 갔다가 두부 쪽으로 가고, 다음으로 유바가 있는 쪽으로 다가갔다. 즉, 케이크를 먹는 사람들이 상대적으로 줄었다. 사실 무한정 제공하는 케이크는 서비스 음식 중에서 원가가 제일 높았는데, 다양한 서비스 음식을 제공해 원가가 낮아진 것이다. '이번에는 어묵'이라고 생각하고 다음날 어묵을 서비스 음식으로 냈더니 이것 역시 금세 바닥이 났다. 그래서 남아 있는 식품재료와 냉동고 속에 잠자고 있는 재고식품을 활용하는 방법을 생각해 요리를 만들어 손님들에게 제공하게 되었다.

이런 식으로 일주일 정도 지나자 손님들이 다시 몰려들었다. 첫날 50명에서 시작해 70명, 90명으로 계속 늘어나더니 현재는 170~180명까지 늘어났다. 사실 이 정도에서 멈춘 것은 이 이상 손님이 온다 해도 앉을 자리가 없기 때문이다. 이렇게 되기까지 광고는 일절 하지 않았다. 순전히 입소문에 의한 구전광고의 효과였다. 게다가 모르는 사이에 줄을 서서 기다리는 손님들까지 생겼다.

1050엔에 케이크와 음료수가 무한정 제공된다는 이야기만 듣고 음식점을 찾아온 손님들도 서비스 음식들을 보고 깜짝 놀라 "거기서는 케이크만 무한정 제공되는 줄 알았는데 여러 음식들을 마음껏 먹을 수 있어"라고 주위 사람들에게 소문을 내주었던 것이다.

지금은 테이블에 다 펼쳐놓을 수 없을 만큼 서비스 음식의 종류가 늘어났다. 케이크와 음료수를 포함하면 총 50품목 이상이 된다. 그러나 내게는 이 모두가 어디까지나 덤으로 주는 서비스일 뿐이다. '가면 라이더 스낵'의 덤 방식이 보기 좋게 히트를 친 것이다.

매출을 올려 고정비의 비중을 낮춘다

이런 이야기를 하면 주위에서는 "정말로 남는 게 있으세요?"라고 꼭 묻는다. 당연히 그렇게 하면 절대로 남는 게 없다. 그런데 우리 음식점은 착실하게 수익을 내고 있다. 도대체 어떻게 된 일일까?

뒤에서 설명하겠지만, 시노자키야는 2004년 12월에 식재료도매업을 하는 회사를 M&A로 사들였는데, 이 회사에는 판로를 찾지 못한 식재료들이 많이 몰려든다. 이런 식재료를 시노자키야에서 골라 싸게 구입한다. 특히 냉동식품의 경우에는 어디에서나 재고로 남아 골치를 썩이게 만드는데, 이를 싸게 구입해 요리한 음식을 손님에게 내놓는 것이다. 그러나 그대로 내면 맛이 없으니까 머리를 짜내 독창적인 요리로 만들어내는 것이 중요하다.

시노자키야의 음식점이 인기를 모으자 여러 식재료 업체들이 서래를 개설하기 위해 찾아오게 되었다. 슈퍼나 편의점 등에서 행사를 하고 나면 식재료들이 많이 남아돌기 때문이다. 이 재료들을 싸게 구입할 수가 있어 원가를 최대한 줄일 수 있다.

또 하나의 경비절감 요소는 고정비이다. 가게란 일단 개업을 하고 나면 문을 열든지 닫든지 돈이 들어간다. 그렇다면 손님을 될 수 있는 한 많이 받는 것이 유리하다. 밤 장사가 핵심이라고 낮에 문을 닫는다면 낮 동안의 매출 손실이 발생하기 때문이다. 그러나 문을 연다면 조금이라도 매상을 올릴 수 있다. 전체 고정비는 정해져 있으므로 낮 동안에 얼마나 매상을 올렸느냐에 따라 전체 매상이 어느 정도가 될지 예상할 수 있다. 예를 들어 낮 동안 50명밖에 찾아오지 않던 가게에 200명이 찾아오게 된다면 단순 계산만으로도 매상은 4배가 된다. 하지만 인건비는 이전과 크게 달라지지 않는다. 점심은 뷔페식이기 때문에 종업원은 그저 손님이 다 먹은 식기만 정리하면 된다. 손님이 몇 명이 오든 종업원의 수에는 변함이 없는 것이다. 이렇게 되면 지금까지 가장 수익이 떨어졌던 낮 시간대의 매출 수익이 올라간다. 결과적으로 매출에서 고정비가 차지하는 비중이 낮아져 고정비를 절감하는 효과를 볼 수 있다.

법칙 28
맥도날드 방식을 도입해 수익구조를 개선한다

낮 시간대의 매상이 많이 올랐다. 그렇다면 이번에는 저녁 시간대의 매상을 올리기 위해서는 어떻게 해야 할까?

‘3대째 시계조’ 제1호점에서는 저녁시간에 다른 음식점과 별반 다르지 않은 메뉴로 영업하고 있었다. 그러나 주변에 경쟁점들이 늘어가자 더 이상 평범한 메뉴로는 살아남을 수 없다는 위기 의식을 갖게 됐다. 이때 보통 술을 파는 음식점이라면 맥주를 반값에 준다거나 음료수한 잔을 서비스로 제공하는 식의 아이디어를 떠올릴 것이다. 그러나 나는 이와 정반대의 발상을 했다. 음식점에서 원가율이 낮은 것은 음료수이므로 맥주를 반값으로 깎아주지 말고 반대로 음료수를 통해 수익을내야겠다고 생각한 것이다. 즉, 맥도날드 방식을 따라 하기로 했다.

한때, 맥도날드는 햄버거를 53엔인가 59엔에 판매한 적이 있었다. 이는 누가 보아도 도저히 수익을 낼 수 없는 가격대였다. 그러나 손님들은 햄버거만 먹는 것이 아니라 세트로 프렌치 프라이와 콜라도 사 먹는다. 프렌치 프라이와 콜라는 원가가 낮기 때문에 도저히 수익을 낼수 없는 햄버거의 가격으로도 충분히 수익을 올릴 수 있었다. 이를 경제용어로 ‘밸류 세트(value set)’ 라고 하는데 바로 가치를 올려 판매한다는 뜻이다.

맥주를 싸게 해준다든가 음료수 한 잔을 서비스로 주는 방식은 다른 음식점에서도 흔히 하고 있는 방식이기 때문에 고객들이 차별성을 느끼기 어렵다. 그렇다면 우리는 이와 전혀 다른 방식, 즉 밤에도 음식뷔페를 운영하면서 수익은 음료수로 내야겠다고 생각한 것이다.

그러나 같은 음식뷔페라 해도 밤에는 음식을 담아서 자리로 돌아와술을 마시는 방식은 절대 불가능하다. 대주가들은 자리를 옮기지 않고 한자리에서 계속 마시는 게 보통이기 때문이다. 그러므로 밤에는 밤 나름대로의 방식이 있다고 여기고 우선 점심 시간대의 메뉴를 전부 없앴다. 음료수와 주류는 별도로 하고 1,500엔으로 음식을 먹고 싶은 만큼 먹도록 했다. 그날 메뉴로 준비한 요리는 종업원이 뚜껑 달린 그릇에 담아서 손님 자리까지 서빙하도록 했다. 이렇게 바꾼 지 얼마 안 되어서는 손님들이 많이 찾아왔지만 금방 발길이 뜸해졌다. 고객의 심리를 잘못 파악했던 것이 원인이었다.

나는 음식점을 방문하면서 실패 원인을 곰곰이 생각해보았다. 그리고 깨달은 사실은 '만일 메뉴 중에 먹고 싶은 음식이 없다면 어떻게 해야 하나?' 하는 점이다. 선택의 여지 없이 주방에서 만들어주는 음식만 먹는다는 것은 고객의 입장에서 보면 그리 달갑지 않은 일이다. 고객은 자신이 먹고 싶은 것을 직접 고르고 싶어하게 마련이다. 그렇다면 없앴던 메뉴를 다시 살리고 '메뉴에 있는 음식들은 모두 무한정 제공되므로 먹고 싶은 것을 마음껏 골라주세요' 라는 방식이 더 적절하다고 판단했다.

시노자키야에서도 'ABC 분석(통계적 방법에 의해 관리대상을 A, B, C 그룹으로 나누고 먼저 A그룹을 중점 관리대상으로 선정하여 관리노력을 집중함으로써 관리효과를 높이려는 분석방법 – 편집자 주)'을 했지만 '3대째 시계조' 제1호점은 객단가(客單價, 고객 1인당 평균매입액)가 2,500엔 정도다. 이 객단가를 3,000엔으로 올린다면 현재의 손님 수로도 많은 수익을 올릴 수 있다. 그러면 객단가를 어떻게 3,000엔으로 올릴 수 있을까?

무한정 음식 제공에 1,500엔으로 요금을 정했다면, 여기에 손님이 음료수(알코올성 음료 포함) 세 잔을 마시면 3,000엔이 된다. 따라서 음료수는 결코 할인해서 제공하면 안 된다. 음료수를 할인하게 되면 수익이 나지 않기 때문에 이 비즈니스 모델은 성립되지 않는다. 음료수는 소비자 가격 그대로 받는 대신, 1,500엔에 무한정 음식 제공을 한다면 손님들이 부담 없이 찾아올 것이다. 게다가 좌석에 앉자마자 "메뉴 중 먹고 싶은 음식을 마음껏 골라주세요"라는 종업원의 말을 듣고 손님들은 깜짝 놀란다. 메뉴에는 가격이 분명하게 적혀 있기 때문이다. '3대째 시게조'는 체인점이므로 다른 체인점에서는 메뉴판에 적힌 가격대로 팔고 있다. 제1호점에서만 새로운 사업을 개발한다는 의미에서 어떤 요리든 균일가격에 무한정 제공하는 것이다. 게다가 시간 제한도 없다. 시간 제한을 두면 다른 가게와 차별화가 안 되기 때문이다. 하지만 시간 제한을 두지 않고 음식을 무한정 제공한다 해도 일반 손님들은 그렇게 많이 먹지 못한다. 먹다 지쳐 돌아가는 사람도 적지 않을 정도다.

또한 음료수만 권하면 되기 때문에 고객서비스도 수월해진다. 메뉴 구성을 바꾸자 다시 손님들이 몰려왔다. 객단가도 목표치인 3,000엔에 가까워졌다. 맥도날드 방식으로 '변화'를 준 계획이 보기 좋게 성공을 거둔 것이다.

고객 회전율보다 정착률을 높여 승부한다

　메뉴에서 먹고 싶은 음식을 고르는 새로운 방식이 화제가 되어 '3대째 시계조' 제1호점도 활기를 되찾았다. 가게에는 중년 남성뿐 아니라 일요일에 가족 동반 손님들이 찾아오는 경우도 많아졌다. 회전초밥집과 마찬가지로 균일가격이기 때문이다. 물론 손님들 중에는 음식뷔페를 원치 않는 사람도 있는데, 이런 경우에는 단품요리를 주문할 수 있도록 했다.

　그런데 어느 날 매출액을 살펴보았더니 생각했던 만큼 매출이 늘지 않았다. 점장에게 그 까닭을 물었더니 "손님들이 금방 돌아간다"는 대답이 돌아왔다. 이 말을 듣고 나는 호통을 쳤다. 1,500엔으로 무한정 음식 제공을 한다고 해서 손님을 빨리 돌아가게 해 회전율을 올리려고 생각해서는 안 된다. 오히려 오랫동안 앉아 있도록 해야 한다. 왜냐하면 마음껏 먹어 배가 부른 사람은 이제 음료수나 술을 마실 수 없기 때문이다. 그러므로 손님들이 음료를 몇 잔이나 마시는가가 매상을 올리는 관건이다. "회전율을 높이지 않아도 좋으니 손님을 오래 앉아 있도록 만들어라"는 것이 내 사업전략이었다.

　도쿄 내에 위치한 선술집이라면 몰라도 교외에서 고객의 회전율을 생각해서는 안 된다. 이 지역에서는 이차 삼차로 자리를 옮겨가며 술을 마시는 일이 거의 없다. 교외에서는 퇴근 후 술을 파는 음식점에 가서 저녁을 먹고 술을 마시며 수다를 떨다가 집에 돌아간다. 노래라도 한 곡조 뽑고 싶을 때에는 노래방에 간다.

이런 생활패턴을 고려한다면 결코 고객의 회전율이 높아서는 안 된다. 몇 시간이든 앉아 있게 만들어야 한다. 손님이 머무르는 시간이 길수록 음료수나 술을 마시는 잔 수가 늘어간다. 얼마나 손님을 가게에 붙들어 두느냐가 매상을 올릴 수 있는 비결이다. 게다가 음료수 원가는 음식 원가보다 훨씬 낮다. 그러므로 음료수를 많이 판다면 음식 원가를 전체적으로 낮출 수 있다. 그러면 계속 적자였던 가게도 흑자로 돌아서게 마련이다. 마음껏 먹고 마셔서 손님들도 만족하고 우리 음식점의 수익도 날마다 올라가 현재는 개업 초기보다 매출이 훨씬 높다. 이것이야말로 진정한 의미의 '개혁'이라고 할 수 있지 않을까?

법칙 30 개업 초기 매출을 기준으로 사업을 혁신한다

두부는 다섯 번 연달아 먹으면 질린다고 한다. 누구나 처음에는 맛있다고 말하지만 두 번째에는 맛의 감동이 줄어든다. 세 번째에는 "음, 이런 맛이군" 하고 말했다가 네 번째 먹을 때에는 "이런 맛이었나?" 하는 의문이 생기고 다섯 번째가 되면 "맛이 좀 떨어진 것 같다"라고 느낀다.

아무리 맛있는 음식도 질리면 더 이상 맛있다고 하지 않으며 늘 같은 것을 만들었다가는 성의 없다는 비난을 듣게 된다. 일본 전국의 상점가나 슈퍼마켓이 현재 어려운 상황에 처하게 된 이유는 이처럼 전혀 개혁을 하지 않았기 때문이다. 다시 말하면, 그저 납품받은 물건을 팔기만 하는 장사를 계속해왔기 때문이다. 이들은 '개업한 시점부터 폐업 위기를 향해 달려간다는 이치'를 이해하지 못한 것이다. 예를 들어 가게의 슈퍼바이저들에게 "자네는 무엇을 기준으로 가게를 운영하고 있나?"라고 물으면 대부분 "전년도 대비 매출을 기준으로 생각한다"라고 대답한다. 이런 대답에 나는 "전년도 대비 매출이란 게 뭔가? 작년에 판 숫자에 비해 올해는 어떠냐 하는 이야기 아닌가? 그걸 기준으로 삼다니 자네들 정말 바보로군" 하고 야단쳤다.

전년도 대비 매출을 기준으로 삼고 있으니 매출이 점점 더 떨어지는 것이다. 이렇듯 전년도 대비 매출을 목표로 삼는 것은 너무나 어리석은 행동이다. 그렇다면 어떻게 하면 좋을까?

나는 항상 개업 당시의 매출을 '지난해 대비(가게가 아닌 경우에는 인건비 상승을 예상해 최저 105%)'로 여기고 올해 사업을 전망한다. 왜 그럴까?

이유는 간단하다. 가게란 가장 높은 매출을 올리고 최상의 질을 유지하고 있을 때가 바로 개업할 당시이기 때문이다. 그러므로 항상 개업할 때를 기준으로 경영하지 않으면 장사가 원활하게 이뤄질 리가 없다. 개업 당시가 가장 의욕이 넘치고 가게도 가장 깨끗하기 때문이다. 개업 당시에 유통기한이 다 된 상품을 파는 일은 절대 없다. 예를 들어 흔히 볼 수 있는 프랜차이즈 체인점이 집 근처에 개업했다고 가정해보자. 어떤 가게든지 이상하게 개업 초기에 가장 매출이 좋다. 왜냐하면 손님의 입장에서 생각해보면 "어떤 가게일까?" "당연히 뭔가 새로운 것이 있겠지." "종업원은 어떨까?" 등과 같은 호기심과 흥미에 이끌려 신장개업한 가게를 찾아가기 때문이다.

그렇다는 얘기는 항상 이런 점을 고려하지 않으면 금방 폐업 위기에 몰리게 된다는 뜻이다. 일단 개업했다면 언젠가는 문을 닫을 처지에 몰리게 되는 것이 대전제이므로 항상 개혁하지 않으면 손님들은 금방 싫증을 낸다. 손님이 싫증을 내면 당연히 매상은 개업 초기를 정점으로 계속 떨어진다. 따라서 가게를 계속 개혁한다는 사고방식이 중요하다. 그러므로 '전년도 대비 매출'이 아니라 항상 개업 당시의 매출과 새로운 마음가짐을 기준으로 삼아야 한다.

법칙 31
회사든 주식이든 가장 비쌀 때 판다

시노자키아 직영 음식점은 도쿄와 사이다마현을 중심으로 13개로 늘어났고 이들 음식점은 앞에서 말한 대로 새롭게 단장해 아주 인기 높은 음식점으로 거듭났다. 사실 이 음식점들은 시노자키야가 그대로 직영점으로 운영해도 좋았다. 하지만 시노자키야의 본질은 두부 제조

회사이므로 언제까지 점포 운영에 매달려 있을 생각은 없었다. 따라서 때가 되면 팔기로 마음먹었다. 그럼 시기는 언제가 좋을까?

나는 가게 매상과 손님들의 가게 인지도가 최고로 올라간 시점에 팔기로 결심했다. 즉, 기업가치가 최고점에 올라 '파는 쪽이 가장 유리해질 때'를 기다리는 것이다. 그 밖에도 시노자키야 직영 음식점이 높은 값에 팔릴 수 있는 요소가 또 하나 있다. 창업하려고 마음먹은 사람에게 시노자키야 체인점은 사업계획을 세우기 쉽다는 이점이 있다. 왜냐하면 지금까지 매출이 매우 안정적이어서 이만큼 수익이 날 것이라는 미래의 사업계획을 명확하게 세울 수 있기 때문이다.

이 사업계획서를 은행으로 가져가 "시노자키야의 프랜차이즈 체인점을 내려 하니 융자를 부탁드립니다"라고 하면 대출해줄 은행은 얼마든지 있기 때문에 은행에서는 흔쾌히 "알겠습니다. 그렇게 해드리겠습니다"라고 말한다. 그리고 매매계약이 체결되면 그 자금은 시노자키야로 들어온다. 게다가 시노자키야로서는 더 이상 직영점이 아니라 해도 체인점이기 때문에 종전처럼 두부를 납품할 수 있다.

시노자키야의 입장에서는 자산이 없어도 지금보다 두부를 더 많이 팔 수 있는 시스템이 구축되는 셈이다. 이런 프랜차이즈 사업은 앞으로도 계속 벌여나갈 것이다.

기업이란 최종적으로 오프 밸런스(off-balance, 기업의 회계처리에서 부채 등을 상각해 대차대조표에 계상하지 않도록 회계처리를 하는 것 – 편집자 주)가 되어야 한다. 그러므로 주식이든 뭐든 마찬가지지만 가장 가치 있고 가격이 최고조에 이르렀을 때 팔아야 한다. 결코 이 시기를 놓쳐서는 안 된다.

시노자키야는 보유하고 있던 직영점을 모두 매각해 그때까지 쌓여 있던 5억 엔이라는 적자를 순식간에 털어낼 수 있었다. 당시는 직영점을 내기 위한 빚이 거의 대부분이었으므로 직영점을 매각한 차익이 발생해 드디어 시노자키야는 흑자로 전환할 수 있었다.

5 주류판매점에서
두부를 팔다

소매점을 운영할 때에는 판매관리에 비용이 가장 많이 든다. 이를 제로로 만드는 방법을 생각해낸다면 보다 질 좋은 상품을 만드는 데 비용을 집중시킬 수 있다. 체인점과 직영점의 장점과 단점을 잘 분석해보면 비로소 서로 윈-윈할 수 있는 방법을 찾을 수 있다. 바로 새로운 비즈니스 모델이 탄생하는 순간이다.

법칙 32

임대료, 인건비가 필요없는
비즈니스 모델을 만들다

시노자키야는 10개의 직영소매점을 운영하고 있었다. 시노자키야가 직접 가게 자리를 물색하고 임대료를 지불하고 직원을 고용했다. 소매점 '3대째 시게조 두부'의 판매는 매우 호조를 보여 이런 소문을 듣고 체인점을 내고 싶다는 사람들이 몰렸다. 그래서 1호점은 2000년에, 2호점, 3호점은 2001년에 문을 열었다.

이렇듯 소매점 프랜차이즈 사업에 성공할 수 있었던 것은 신문기사 덕분이다. 노부부만으로 운영하는 프랜차이즈 체인점이 시노자키야 본사 근처에 몇 군데 있었는데 이 체인점들은 집에다 점포를 열어 임대료도 인건비도 들지 않는 새로운 비즈니스 모델로 주목을 받고 있다고 〈니혼케이자이 신문〉이 보도했기 때문이다.

이 기사를 본 한 주류도매상이 흥미를 보였고, 우리 쪽으로 프랜차이즈 사업을 타진해왔다. 당시 일본은 주류 면허제도의 자유화를 앞두고 있어 주류판매점이 점차 쇠퇴할 것으로 우려되고 있었다. 이런 상황에서 이 비즈니스 모델을 주류판매점에 적용해보면 어떨까 하는 제안을 했다. 주류도매상의 제안을 듣는 순간 내 머릿속에는 '이거, 성공할 수 있겠는걸' 하는 기분 좋은 예감이 스쳐갔다.

그래서 주류판매점 한 곳을 선정해 일단 시험삼아 운영해보았더니 하루에 2만 엔 정도의 매출이 올랐다. 당시 주류판매점에서 하루 2만 엔이라는 매상은 매우 좋은 실적이었다. 나는 성공할 수 있겠다는 확신을 가지고 프랜차이즈 사업을 시작하기로 결심했다. 처음 소매점 프랜차이즈 사업 이야기가 나온 때는 2002년이었는데, 본격적으로 시작한 시기는 2003년부터였다.

소매점 '3대째 시게조 두부'는 시작부터 순조로운 출발을 보여 주류도매상을 거쳐 월 5~6곳씩 개업해 금세 60개까지 늘어났다. 이런 체인점이 화제를 불러일으키자 업계가 좁은 탓에 전국의 도매주류상들과 주류판매점 상인들의 문의 전화가 이어졌다. 그러자 일이 너무 많아져 시노자키야만으로는 도저히 감당할 수가 없었다. 그래서 한 곳에서 종합적으로 관리해줄 수 있는 회사가 없을까 하고 찾아보고 있는데, 한 컨설팅 회사로부터 제안이 들어왔다. 그래서 그 회사에 프랜차이즈 관련 업무를 일임했다. '3대째 시계조 두부' 소매점은 2004년에는 매달 20곳씩 늘어났으며 2005년에는 직영점을 합해 모두 400곳이 넘었다.

프랜차이즈 사업을 운영하는 데에는 내 나름대로의 지론이 있다. 지금까지 프랜차이즈 업계에서는 50세 이하가 아니면 체인점을 주지 않는다는 암묵적인 규정이 있었다. 그러나 나는 이와 정반대로 '50세 이상의 사람에게 체인점을 내준다', '고령자를 등용한다'라고 선언했다. 왜냐하면 영세한 가게를 차려서 무인판매로 두부 4모에 200엔의 가격으로 팔아본 경험이 있었기 때문이다. 두부 4모에 200엔의 가격으로 팔아도 첫 달부터 흑자를 냈다. 왜 그랬을까? 이유는 무인판매이므로 인건비가 전혀 들지 않았기 때문이다. 게다가 임대료도 필요없었다. 비용은 오직 두부를 넣는 팩과 무인판매용 가게를 세우는 데 드는 200만 엔 정도의 경비가 다였다. 이 경비와 원가를 제했더니 첫 달부터 흑자를 본 것이다.

보통 경영을 압박하는 가장 큰 요인은 제조원가가 아닌, 판매관리비다. 판매관리비가 늘어나는 것이 최악의 경우인데, 판매관리비만 없으면 상품을 보다 싼값에 팔 수 있다. 따라서 내 계획으로는 체인점은 '50세 이상', 좀 더 자세히 말하면 65세 이상이 적당하다. 이들은 연금을 받고 있기 때문에 인건비는 거의 제로에 가깝다. 게다가 집을 소유하고 있는 사람으로 조건을 한정해 집에 가게를 차리게 하면 임대료도 제로가 된다. 그러면 두부 판매용 상자와 간판, 상호가 그려진 깃발만 설치하면 모든 준비는 끝난다. 이 비용을 전부 포함해도 100만 엔 정도면 충분하다. 이렇게 되면 아무리 이윤이 적어도 이윤이 모두 이익이 되기 때문에 충분히 먹고살 수 있다. 임대료가 전혀 들지 않고 인건비도 제로에 가깝기 때문이다. 이 점이 가장 중요한 핵심으로 이 이상 좋은 비즈니스 모델은 찾아볼 수 없다. 이렇게만 된다면 질 좋은 두부를 소비자에게 저렴하게 제공할 수 있다. 두부를 많이 만들고 될 수 있는 한 많이 팔아 소비자들이 맛있게 먹을 수 있도록 하자. 이것이 바로 두부장수로서 내가 추구하는 목표다.

법칙 33
제조소매업의 기본은 상품의 원활한 유통이다

단순하게 수익만 높이려 했다면 시노자키야는 프랜차이즈 체인 본사로서 체인점의 로열티만 챙기면 된다. 하지만 나는 어디까지나 두부회사라는 제조소매업의 기본을 지키고 싶었다. 분명히 프랜차이즈 체인점은 늘어나고 있으며 로열티도 받고 있다. 넛붙여 로열티는 기본적으로 3%로 정해져 있지만 실제로는 1%에서 2%가 적당하다고 본다.

시노자키야의 목표는 얼마나 많은 로얄티를 받느냐가 아니라 두부를 얼마나 많이 팔 수 있느냐에 있다. 이 점이 다른 프랜차이즈 체인 본사와 근본적으로 다르며, 이는 시노자키야가 제조업체이기 때문에 가능하다.

"가게에서 손님들에게 앙케트 조사를 하거나 두부 한 모를 증정한다면 로열티는 안 받겠습니다"라고 말한 적도 있다.

이 증정용 두부 속에는 이미 로열티가 들어가 있기 때문이다. 이렇게 생각하면, 두부를 만드는 일은 돈을 찍어내는 일과 똑같다고 볼 수 있다. 조폐공사에서 지폐를 윤전기로 찍어내는 것처럼 두부회사는 매일 공장에서 '하얀 돈'을 만들어내고 있는 것이다. 다른 프랜차이즈 체인 본사는 로열티를 받는 데 혈안이 돼 어떻게 해서든 로열티를 현금으로 받으려 하지만 두부 역시 현금과 다를 바 없다. 두부를 팔아 현금으로 바꾸면 되기 때문이다. 시노자키야의 입장에서는 제조소매업의 기본인 두부만 팔 수 있다면 일부러 로열티를 징수할 필요는 없다. 꼭 현금을 받을 필요가 없고 현금으로 바꿀 수만 있으면 된다.

이런 원칙을 세워두지 않으면 비즈니스는 점차로 미로 속을 헤매게 된다. 프랜차이즈 체인 본사에서 로열티를 징수하지 않는 시스템은 체인점의 입장에서는 아주 큰 매력으로 작용한다. 시노자키야의 체인점들이 계속해서 늘어나는 이유에는 이런 점이 크게 작용하고 있다. 게다가 체인점이 계속 늘어나는 덕분에 두부의 판로 역시 점점 확대되고 있다. 이것이야말로 내가 가장 이상적이라고 여기는 비즈니스 모델이다.

6 유리한 입장으로 다시 슈퍼와 손을 잡다

현명한 결단이라도 사업의 추세에 따라 바꿔야 할 때가 있다.
어떤 시점에서 크게 방향전환을 해야 할까? 바로 역풍이 순풍으로 바뀌는 순간이
다. 2005년 가을, 두부제조업을 근본부터 바꿔 슈퍼마켓 도매사업을 준비했다.

법칙 34
역풍이 순풍으로 바뀌는 순간을 놓치지 않는다

2005년 가을, 시노자키야는 슈퍼마켓 도매업을 다시 시작했다. 그
전까지 제조소매업에 온 힘을 기울여왔던 시노자키야였으므로 "왜 다
시 슈퍼마켓과 손을 잡는가?"라는 목소리가 이곳저곳에서 들려왔다.

두부사업에 활로를 찾기 위해 과감히 슈퍼와 손을 끊었던 시노자키야가 도대체 무슨 이유로 도매업을 다시 시작하기로 한 걸까? 언론사와 관계자들로부터 질문의 화살이 빗발치듯 쏟아졌다. 그러나 동기는 아주 단순 명쾌했다.

생각을 바꾸게 된 결정적인 계기는 일본 관동지방에서 가장 큰 두부회사가 도산했기 때문이다. 이 회사는 과거 일본 황실에 100년 가까이나 두부를 납품할 정도로 전통 있는 두부회사로 2005년 7월에 경영난에 시달리다 마침내 도산하게 되었는데, 이 사실이 내게는 너무나 엄청난 충격으로 다가왔다. 이전에도 몇 군데의 대형 두부회사가 도산하거나 도산 위기에 처해 있다는 소식을 들었는데, 이러한 때에 관동에서 최대 규모를 자랑하는 두부회사의 파산 소식은 두부업계의 최대 위기로 여겨졌기 때문이다. 이것이 슈퍼마켓과 거래를 재개하게 된 첫 번째 이유이다.

결국, 시노자키야는 이 두부회사를 M&A로 사들였다. 여기에는 시노자키야가 내세우는 '좋은 상품을 싸게'라는 회사 이념을 실현하려면 노무관리비와 감가상각비를 얼마나 줄이고 원재료비를 어느 정도 올려야 하느냐의 문제가 포함돼 있다. 시노자키야의 회사 이념을 실현하기 위해서는 '좋은 상품을 싸게 파는' 구조를 탄탄하게 갖추어야 하는데 이런 구조를 모범적으로 만들기 위해 이번 M&A를 진행했다.

물론 M&A를 하는 과정에서 문제가 전혀 없었던 것은 아니다. 관동에서 제일 큰 두부회사였던 만큼 공장도 어마어마하게 커서 공장 부지

면적이 약 5,000평이었고 공장 규모만도 2,000평 정도 되었다. 이는 시노자키야 상품만을 생산하기 위해 공장을 가동시킨다면 생산능력이 남아돈다는 의미이다. 게다가 직원이 150명 이상이나 돼 이들의 고용 문제도 해결해야 한다.

하지만 M&A 협상 테이블에서는 처음부터 "직원들의 고용은 보장해줍시다. 150명이라면 150명 전원을 시노자키야에서 고용하겠습니다"라는 점을 전제로 두고 이야기를 진행했다. 따라서 M&A를 진행하는 일반적인 원칙을 적용한다면 몇 명의 사원만 두고 나머지는 기계를 돌려 인건비를 최소한도로 낮출 수 있었지만 이들의 고용을 보장해주어야 했다. 이때 내가 생각해낸 것은 "좋은 상품을 싸게 파는 구조가 만들어졌으니 다시 한 번 슈퍼마켓 도매업을 시작해보자"는 것이었다. 원래 시노자키야는 슈퍼마켓 제조도매업에서부터 시작했다. 그런 만큼 '좋은 상품을 싸게 파는' 체제가 갖춰졌다면 다시 한 번 슈퍼와 승부를 겨루어볼 만하다고 생각했던 것이다.

그런데 이때 두부업계의 관계자들 사이에는 다음과 같은 소문이 돌았다.

"시노자키야가 그런 큰 두부회사를 매수했다 해도 슈퍼는 상대도 하지 않을걸."

"스스로 거래를 끊은 거니까 슈퍼 쪽에서는 쳐다보지도 않을 거야."

"슈퍼와 거래가 성사되지 않을 게 뻔하니 시노자키야는 망할 일만 남았군."

이런 소문이 돌았다. 사실 나 스스로도 슈퍼 측에서 이렇게 생각하고 있을 거라 믿었다. 내 쪽에서 거래를 끊었던 만큼 상대가 그렇게 쉽게 화해의 손을 내밀지는 않을 것이라 생각했다.

그런데 결과는 아주 뜻밖이었다. 파산한 회사에 남아 있던 영업사원들과 이야기를 나눠봤더니 아무래도 상황은 다른 듯했다. 영업사원들이 슈퍼의 반응을 살펴보니 "시노자키야는 파산한 회사를 매수해서 무얼 할 생각인지 혹시 아나?" 하고 큰 흥미를 보였다고 한다. 이렇듯 슈퍼 측에서 흥미를 보이는 이유는 슈퍼와 거래를 끊고도 파산하지 않은 회사는 시노자키야가 유일했기 때문이다.

"파산하지 않았던 것은 소매업을 시작했기 때문입니다."

"그래도 다른 두부회사의 소매는 전국 어디에서나 계속 감소 추세이고 아주 어려운 처지에 놓여 있다고 하던데."

"그런데도 시노자키야만은 소매업으로 매출이 증가해 새 공장까지 세운 데다 이번에 M&A까지 한 목적이 뭔가?"

"도대체 시노자키야는 무얼 하려는 거지?"

"다루미 사장이라는 사람, 도대체 무슨 생각을 하고 있는 건가?"

이렇듯 큰 관심을 가지고 지켜보고 있었던 것이다.

내가 슈퍼와 거래를 끊은 것은 2000년 10월의 일이었는데, 슈퍼와 거래를 끊은 지 5년 정도 지나자 상대편의 생각도 이렇게 바뀐 것이다. 어떤 의미에서 보면 역풍이 순풍으로 바뀌어 있었다. 바로 이때 나는 '자, 슈퍼 도매업을 다시 시작해보자' 라고 결심했다.

고객의 입장에서 생각하면
수익은 저절로 따라온다

이때 슈퍼마켓 측에서는 시노자키야가 두부 납품가격을 비싸게 부를 것이 틀림없다고 생각했던 듯하다. 한창 상승세를 타고 있으니 정면 승부를 걸어올 것이 틀림없다고 생각한 것이다. 그런데 나는 이와 정반대로 '싼 두부를 팔아 서로 이익을 낼 수 있는 공생 관계를 만들어보자'라고 생각했다.

시노자키야가 슈퍼에 도매납품을 그만둘 무렵, 가격이 가장 싼 두부는 한 모에 98엔이었다. 그런데 지금 가장 싼 두부는 한 모에 28엔이다. 5년 동안 98엔에서 28엔까지 두부 가격이 떨어진 것이다. 도대체 무슨 일이 있었던 걸까?

결과적으로 본다면, 슈퍼뿐 아니라 두부제조업체 역시 잘못했기 때문이다. 나는 늘 "장사가 성공할 수 있으려면 수익의 균형이 정삼각형을 이뤄야 한다"라고 입버릇처럼 말했다. 만드는 사람과 파는 사람, 그리고 사는 사람의 3자가 똑같이 이익을 누릴 수 있어야 비로소 상품이 팔리고 이윤도 올라간다. 그런데도 만드는 사람과 파는 사람이 제대로 하지 못한다면 소비자가 등을 돌리는 것은 당연한 일이다.

시노자키야의 경우는 슈퍼와 결별하고 나서 제조소매업으로 특화해 판로를 넓혀왔다. 앞에서 말한 것처럼 활기를 잃은 상점가의 주류판매점을 프랜차이즈 체인점으로 삼아 두부를 팔았다. 소비자의 마음을 확실하게 읽어냈기 때문에 가능한 일이다.

사실 활기를 잃어가는 상점가에서는 소비자가 사고 싶은 상품이 없다. 사고 싶은 상품이 없으니 더 이상 소비자는 찾아오지 않고 결국 상점가는 점점 더 쇠퇴한다. 그러나 만일 사고 싶은 상품이 생긴다면 그때까지 손님이 5, 6명밖에 오지 않던 가게라도 50~60명이 찾아오게 된다. 그 상품이 두부 한 모라도 이런 일은 가능하다.

한편, 슈퍼의 판매방식은 어떤가? 예를 들어 보통 두부를 98엔에 팔고 있다가 다른 가게에서 88엔에 팔면 특별세일이라며 똑같이 88엔에 판다. 그러면 이 88엔이 매일 최저가격(EDLP : Every Day Low Price), 즉 평상시 가격이 된다. 특별세일 가격이 어느 사이엔가 평소 가격이 되고 만다. 그러는 동안에 88엔이 더 이상 팔리지 않게 되면 78엔, 68엔 하는 식으로 계속 가격이 떨어진다. 이렇게 되면 슈퍼에서는 두부회사에 좀 더 싸게 두부를 만들라고 요구하게 된다. 즉 '맛있는 두부'가 아니라 '싼 두부'를 만들라고 요구하는 것이다. 두부회사로서는 이런 슈퍼의 요구를 받아들일 수밖에 없으므로 울며 겨자 먹기 식으로 두유의 농도를 낮춰 두부를 만들게 된다.

시노지키야의 경우는 두부 본래의 맛을 지키기 위해 '천연간수 100%'를 고집해 두부를 만든다. 이때 두유 농도를 낮게 되면 응고제로 더 이상 천연간수를 사용할 수 없어 GDL이나 황산칼슘을 주성분으로 한 가루 응고제 등으로 두유를 굳힐 수밖에 없다. 이렇게 되면 두부를 싸게 만드는 대신 당연히 두부의 맛은 떨어진다. 오직 가격만을 중시해 맛은 어찌되든 상관없는 두부가 탄생한다.

또한 한 번 떨어지기 시작한 가격은 계속 떨어져 68엔에서 다시 58엔으로, 58엔은 단숨에 38엔까지 떨어졌다. 그러다 마침내는 28엔짜리 두부가 특별세일로 등장해 마침내 이 가격이 일반적인 두부 가격이 된 것이다. 28엔짜리 두부를 한 번 먹어본 적이 있었는데 이 두부는 더 이상 '두부'라고 부를 수 없었다. 두부의 형태를 한 그저 하얀 덩어리에 지나지 않았다.

이렇듯 서로에게 무익한 저가 경쟁을 계속한다면 아마도 두부를 10엔에 파는 가게도 등장할지 모른다. 실제로 두부 한 모에 18엔 하는 가게도 생겼다.

이런 어리석은 일이 되풀이되어서는 누구도 정당한 이익을 누릴 수 없다. 두부회사는 전혀 수익을 낼 수 없고 슈퍼 역시 18, 28엔짜리 두부를 팔아서는 이윤이 남을 수가 없다. 게다가 소비자에게까지 불똥이 튀어 두부라고 차마 부를 수 없는 두부를 먹어야만 하는 상황이 발생한다. 결국 누구 한 사람 득이 되지 않는 상황이 벌어지는 것이다. 이래서는 내가 주장하는 '수익 균형의 정삼각형'은 절대 성립할 수 없다. 내가 주목한 것은 바로 이런 점이다.

좋은 제품은 반드시 팔린다

매우 유감스럽지만, 슈퍼에 오는 손님들은 맛이 있고 없고의 판단보다는 가격을 먼저 중시하는 경향이 있다. 가격경쟁이 더욱 치열해지고 있는 시대인 만큼 누구도 맛에 대해서는 더 이상 따지지 않는다. 지금의 슈퍼는 이런 상황이다. 그러나 나는 이런 때일수록 '싸고 질 좋은 두부를 만들 수 없을까?' 라고 생각했다.

하지만 보통의 두부제조업체라면 28, 38엔이라는 터무니없는 가격으로 질 좋은 두부를 만든다는 것은 절대 불가능하다. 좋은 상품을 싸게 판다는 이념은 아주 훌륭하지만 이를 실현하기란 말처럼 쉽지 않기 때문이다. 그런데 이것이 가능한 유일한 회사가 있다. 다름 아닌 시노자키야이다.

'다시 한 번 원점으로 돌아가 싸고 질 좋은 두부를 만들자.'

이것이 슈퍼 진출을 앞둔 내 결의였다. 그렇다면 나는 어째서 시노자키야라면 가능하다고 생각한 걸까? 이유는 다음과 같다. 시노자키야는 관동 제일의 두부회사를 M&A로 인수함으로써 감가상각비가 놀라울 정도로 낮아졌기 때문이다. 파신한 회사는 과잉 실비투사를 했기 때문에 제조원가 중에서 가장 많은 부분을 차지했던 것은 감가상각비였다. 하지만 시노자키야는 M&A를 하면서 설비투자가 10분의 1로 줄었다. 10분의 1로 줄어든 제조비용을 무기로 값싼 두부를 만들 수 있었다. 나는 이 점에 주목했다. 그리고 가장 맛있는 두부를 최저가격으로 팔겠다는 자신감이 생겼다.

시노자키야가 사들인 회사는 파산한 뒤로 대규모 공장이지만 생산하는 제품이 거의 없어 많은 종업원들이 일손을 놓고 있었다. 그러므로 나는 직접 공장에 들러 종업원들에게 '맛있는 두부', '질 좋은 두부'란 어떤 것인가를 두부 제조방법의 기초부터 다시 교육시켰다.

"두부가 어떤 음식인 줄 아는가? 두유를 간수로 굳힌 음식이다. 간수는 단백질을 응고시키고 수분을 토해내는 효과가 있으므로 단백질 농도가 높아야 한다. 따라서 두유의 농도를 올려야 한다. 두유 농도가 낮아선 결코 맛있는 두부를 만들 수가 없다."

이처럼 가장 근본적인 이야기를 몇 번이나 되풀이하였다. 종업원들 중에는 오랫동안 두부 만드는 일에 종사해 마치 두부의 산 증인이라 할 수 있는 사람들이 있었고, 그들에게서 맛있는 두부를 만들고 싶다는 의욕을 강하게 느낄 수 있었다.

'자, 맛있는 두부를 한번 만들어보자!'

이런 의욕이 종업원들 모두의 마음속에 활활 불타올랐다.

"지금, 회사에는 빚이 전혀 없다. 시노자키야가 재산관리인으로부터 현금으로 인수했기 때문이다. 그래서 이전처럼 20억~30억 엔이나 되는 빚으로 허덕이지 않아도 된다. 하지만 그 대신 앞으로는 모두가 스스로의 일을 찾아내지 않으면 안 된다. 좋은 상품을 만든다면 반드시 팔린다. 지금까지 나도 그렇게 해왔으니 모두 힘을 합치자."

이렇게 새로운 도전이 시작되었다. 그리고 두부 제조방법을 근본부터 바꿔 슈퍼마켓 납품을 준비하게 되었다.

7 슈퍼마켓에 맞는 상품과 판매방식으로 승부한다

슈퍼는 어디까지나 가격 중시의 판매방식을 취하고 있다.
단순하게 가격만 비교해 '싸다, 비싸다'라고 말할 뿐이다. 그러나 만약 품질의 좋고 나쁨으로 승부를 겨룬다면 어떨까? 질 좋은 두부, 맛있는 두부를 최저가격으로 판다면 어떻게 될까?

가격이 아닌 품질 중심의 판매방식으로 승부한다

슈퍼와의 거래에 앞서 나는 두부 만드는 방식을 바꾸는 일부터 시작했다. 지금까지 M&A로 인수한 공장에서는 연두부를 물속에 넣어 기계를 이용해 썰어왔지만 이런 기계는 더 이상 필요가 없기 때문에 처분

했다. 시노자키야에서는 연두부를 충전 방식으로 만들고 있는데 이 두부는 하루에 1만 모 이상 팔렸다.

사실 제조방식을 '충전'이니 '절단'이니 하고 따지는 것은 오직 두부 제조업자들뿐이고 소비자들은 아무도 신경 쓰지 않는다. 덧붙여 '절단 두부'라 부르는 것은 큰 틀에 두부를 만든 후 물에 넣어 절단하고 이를 용기에 넣어 밀봉 후 냉각하는 기존의 두부 제조방식을 따른 것이다. 이에 반해 '충전 두부'는 두유와 간수의 혼합액을 용기에 넣어 밀봉 후 가열해 냉각시키는 방식으로 만든다. 용기를 밀폐한 후에 가열응고시키기 때문에 그동안 살균이 이뤄져 신선도를 오래 유지할 수 있다는 특징이 있다.

현장 개혁은 두부의 제조방식을 '절단' 방식에서 '충전' 방식으로 바꾸는 일부터 시작했다. 물론 종업원들 중에는 여전히 절단 방식을 고집하는 이도 있었다. 그러나 잘 생각해보면 이는 근거 없는 단순한 고집에 불과하다. 절단 방식과 충전 방식은 네모난 팩에 물속에서 절단한 두부를 넣을 것인가 팩 속에 두유와 간수를 넣고 응고시켜 두부를 만들 것인가 하는 차이만 있을 뿐이다. 완성되어 팩 속에 들어 있는 두부를 보고 이것이 '절단' 방식으로 만든 두부인지 '충전' 방식으로 만든 두부인지 신경 쓰는 소비지가 도대체 이디에 있단 밀인가? 소비사에게는 어떤 방식으로 두부를 만들었냐보다 두부가 맛이 있느냐 없느냐가 중요할 뿐이다. "이 두부는 시노자키야가 만든 연두부입니다"라고 내놓을 자신만 있다면 그것으로 충분하다.

또한, 일반 두부를 만드는 방식도 새롭게 바꿨다. 인수한 공장에서는 지금까지 거대한 생산라인을 사용해 연두부를 띠 모양으로 만들어 이를 분쇄기를 이용해 으깬 후 압축기에 걸어 일반 두부를 만들어왔다. 그런데 생산과정을 자세히 관찰해보니 연두부를 으깨는 과정에서 두부의 맛있는 성분인 흰 즙이 빠져나왔다. 이처럼 연두부의 맛을 없애고 압축해 만든 두부를 일반 두부라고 불렀다.

"이는 분명 잘못됐다. 바로 고치자."

나는 이렇게 주장했다. 기껏 연두부를 만들었으니 이를 으깨지 말고 그대로 압축기에 걸면 어떨까 하는 생각이 들었기 때문이다. 그래도 괜찮을지 불안스럽게 묻는 영업사원도 있었지만 내가 모든 걸 책임지기로 하고 그대로 밀어붙였다.

실제로 제조방법을 바꿔 두부를 만들었더니 두부 속은 마치 연두부를 먹는 느낌 그대로이면서 두부 양면에는 결이 확실하게 드러나는 일반 두부가 완성되었다. 맛도 이전 방법으로 만들었을 때보다 훨씬 좋았다. 연두부를 으깨지 않아 맛있는 성분이 그대로 남아 있기 때문이었다. 또한 연두부를 그대로 압축했기 때문에 연두부이면서도 일반 두부와 같은 탄력성과 두유 농도가 높아져 '부드럽고 맛있으며 영양가도 높다'는 정말로 3박자를 고루 갖춘 완벽한 두부가 완성되었다.

이렇듯 생산 현장에서 개혁을 추진한 결과, 종업원들에게도 큰 변화가 일어나기 시작했다. 예전에는 만들고 남은 두부를 공짜로 집에 가져가라고 해도 아무도 가져가는 이가 없었는데, 새로 만든 두부는 종업원들 스스로가 돈을 내고 사가는 일이 벌어졌다. 바로 종업원 스스로도 두부가 맛있다고 느꼈기 때문이다. 하지만 콩은 기존의 콩을 그대로 사용했고 기계 역시 이전과 똑같은 것이었다. 그저 제조방식을 조금 바꿨을 뿐인데 전혀 다른 두부가 탄생한 것이다.

이렇게 맛있고 질 좋은 두부가 완성됐으니 이번에는 판매처를 뚫어야 했다. 나로서는 이 두부를 가장 싸게 팔 수 있는 판매처를 원했다. 사실 이 두부는 시노자키야가 105엔으로 팔고 있는 두부와 거의 같은 상품이다. 콩의 품종이나 품질은 다르지만 같은 기술을 도입해 만들었기 때문이다. 이런 두부를 28엔짜리 두부를 파는 슈퍼에 납품하면 어떻게 될까? 한 입만 먹어본다면, "이 두부, 진짜로 28엔짜리야?" 하고 깜짝 놀라게 될 것이다. 감동한 소비자는 스스로 입소문을 내게 될 것이다. 사람이란 감동하면 이를 다른 사람에게 전하고 싶은 욕구를 갖고 있기 때문이다. 28엔이라는 가격에 놀라고 그 맛에 감동한다면 다른 사람에게 말하지 않고는 못 배길 터이다. 소비자 스스로가 주위 사람들에게 소문 내고 자진해서 시노자키야의 영업사원이 되어줄 것이다.

지금까지 슈퍼에서는 어디까지나 가격만을 중시하는 판매방식을 고집해왔다. 단순하게 가격을 비교해 '싸다, 비싸다'라고 말할 뿐이었다. 그런데 이런 상황에서 품질이 좋은 두부, 맛있는 두부를 최저가격으로 판다면 어떻게 될까? 나는 품질의 좋고 나쁨으로 승부를 겨뤄보고 싶다고 생각했다.

한 상품을 미끼로 다른 상품을 판다

사실 슈퍼에 도매납품을 결정하게 된 데에는 또 다른 이유가 있다. 더 싼 두부를 만들 수 있는 두부회사를 찾고 있던 한 슈퍼 체인이 이곳저곳에서 거절당한 끝에 시노자키야를 찾아왔기 때문이다. 시노자키야에서 먼저 이야기를 꺼낸 것이 아니고 슈퍼에서 제 발로 찾아온 것이다. 나로서는 이쪽에서 먼저 슈퍼와의 거래를 끊었기 때문에 슈퍼에 거래를 재개하자고 제안해도 거절당할 것이 뻔하다고 지레짐작하고 있었다. 그런데 관동 북부에서 맹렬한 기세로 세력을 확장하고 있는 슈퍼마켓 체인이 어떤 회사를 통해 시노자키야에 두부 도매거래를 요청하러 온 것이다. 정말로 목 마를 때 시원한 샘물을 만난 듯 반가운 소식이었다.

당시 시노자키야는 대규모 공장을 M&A로 인수해 생산라인을 정비하고 종업원들을 대규모로 고용하고 있었다. 이런 상태에서 현실적으로 일이 없다면 아무리 종업원들이 많아도 소용없는 일이다. '채산이 안 맞을지도 모르지만 일단 해보자.' 나는 이렇게 마음을 먹었다. 내가 염두에 두고 있던 '좋은 상품을 싸게 판다'는 실험이 어느 정도 평가를 받을 수 있을지 궁금했기 때문이다. 나는 남에게 아쉬운 소리를 하기 싫어하는 성격이어서 슈퍼 쪽에서 거래하자고 먼저 말해준다면 몰라도 그렇지 않다면 억지로 매달려서 팔아달라고 할 생각은 추호도 없었다.

시노자키야에 도매거래를 타진한 슈퍼에서는 처음에는 두부의 싼 납품가격에만 만족했다. 그런데 그 슈퍼의 영업부장이 하는 말이 매우 흥미로웠다. 자신의 아이들에게 시노자키야 두부를 먹게 한 후 지금까지 슈퍼 자체 브랜드로 팔아왔던 두부를 먹였더니 "에이, 맛없어!" 하며 뱉어냈다고 했다. 이를 보고 슈퍼 영업부장은 "이 두부는 진짜다. 같은 두부라도 이렇게 다르구나" 하고 감탄하며 시노자키야 두부와의 도매거래를 적극적으로 추진하게 되었다.

이런 이유로 슈퍼와의 거래 이야기가 원활하게 이뤄져 드디어 도매를 시작하기로 결정됐다. 상품명은 그저 단순하게 '연두부' 와 '일반 두부' 라고만 표시했고, 브랜드는 시노자키야가 아닌 식재료 도매사업을 하고 있는 시노자키야의 자회사 '미즈호' 라는 이름을 사용했다. 잘 알려진 시노자키야 브랜드를 사용하지 않고 두부업계에서 생소한 회사 이름을 사용함으로써 맛으로만 승부를 겨룬다면 어떤 결과가 나올지 궁금했기 때문이다.

그렇지만 28엔짜리 두부로는 슈퍼 측도 이윤 폭이 적고 시노자키야도 겨우 손해 안 볼 정도의 수익밖에 나지 않았다.

"우리 회사는 이렇게 해서는 수익이 안 납니다" 라고 나는 딱 잘라 말했다.

"그렇지만 해봅시다. 맛있는 두부를 소비자에게 제공합시다. 그 대신 수익이 날 수 있도록 다른 상품도 납품하게 해주십시오" 라고 조건을 제시했다.

좀 너 비싼 두부도 있으므로 이 두부는 시노자키야 브랜드로 납품하기로 했다. 그 밖에 유부, 두부튀김, 간모도키도 판매대에 진열하기로 했다. 28엔짜리 두부를 미끼로 다른 상품도 납품하게 된 것이다. 또한, 이렇게 함으로써 배송 효율이 매우 높아졌다. 예를 들어 3,000모를 실을 수 있는 트럭에 300모만 싣는다면 두부 한 모당 배송비는 10배가 된다. 그러면 두부를 비싼 가격에 팔아도 배송비가 많이 들게 되므로 결국은 싼 두부를 파는 것과 같은 결과가 된다. 그만큼 배송비는 많은 비중을 차지하고 있는 것이다.

그래서 나는 10톤 트럭 한 대 분량의 시노자키야 상품을 납품할 수 있도록 해달라고 요구했다. 10톤 트럭이라면 모든 상품을 한 번에 전부 실을 수 있다. 그렇게 되면 두부 한 모당 배송비는 낮아지며 28엔에 팔아도 충분히 수익이 생긴다. 이렇게 슈퍼마켓 도매는 2005년 9월부터 재개되었다.

가격이 싸다고 무조건 잘 팔리는 것은 아니다

　슈퍼에 시노자키야 두부를 사러 오는 손님들의 발길이 매우 분주해졌다. 단번에 매출이 30%나 올라 나 스스로도 눈이 휘둥그레질 정도였다. 지금까지 슈퍼 자체 브랜드로 팔고 있던 28엔짜리 두부 대신 미즈호 브랜드의 두부로 바뀌고 난 후 첫 주부터 매출이 급격하게 늘었다.

　"이는 지금까지 슈퍼에 왔던 손님들만 두부를 사러 오는 게 아니다. 다른 데서도 두부를 사러 오는 손님들이 늘고 있다는 애기다."

　나는 이렇게 단언했다. 지금까지 슈퍼를 찾아왔던 손님들도 당연히 28엔짜리 두부를 샀지만, 이 숫자만으로는 30% 이상 매출이 올라갈 수가 없다. 이는 틀림없이 "저기 슈퍼에 싸고 맛있는 두부를 판대"라는 입소문이 퍼졌고 이 때문에 매주 매출 신장률이 올라가는 것이다. 앞에서 애기한 슈퍼 부장 역시 "이렇게까지 매출이 올라가리라고는 생각 못 했습니다"라고 놀랄 정도였다.

　게다가 두부는 시노자키야가 아닌 미즈호 브랜드다. 이런 생소한 브랜드를 보고 소비자가 일부러 사러 올 리는 만무하다. 소비자는 오직 맛있기 때문에 두부를 사러 오는 것이다. 28엔짜리 두부가 날개 돋친 듯이 팔린다는 소문이 퍼져 두부업계에서 "도산한 회사의 공장에서 생산한 제품으로 시노자키야가 드디어 염가판매를 시작했다"는 목소리가 터져 나왔다.

이에 대해서 나는 당당하게 반론했다.

"이는 단순한 염가판매가 아니다. 여기에는 또 다른 말이 붙는다."

"그게 뭔가?"

"우리는 '진짜' 염가판매를 하고 있는 거다."

이렇게 큰소리쳤다.

지금까지 품질은 뒷전으로 하고 오직 가격경쟁만을 일삼아 염가판매를 해왔던 탓에 두부 가격이 형편없이 떨어진 것이다. 내가 창업했을 당시만 해도 동전 한 닢 하면 500엔을 가리켰다. 그런데 지금은 동전 한 닢 하면 100엔을 가리킨다. 지금의 100엔짜리 동전에는 이렇듯 엄청난 가치가 붙게 된 것이다. 100엔 숍에 가면 '정말로 이게 100엔이야?'라고 의아해질 정도로 질 좋은 상품들이 즐비하게 진열돼 있다. 100엔보다도 부가가치가 높다고 생각하니까 소비자들은 물건을 사는 것이다.

그런데 두부는 어떤가? 시대에 맞는 맛있는 두부가 과연 어떤 것인지 두부 제조업체 종사자들은 한 번이라도 생각해보았는가? 기술 향상의 노력도 없이 그저 전통에만 얽매여 있던 이 두부가 과연 100엔으로서의 가치를 지니고 있는가?

아무런 노력도 하지 않는다면 두부 가격이 계속 하락하는 것은 어쩌면 당연한 일이다. 그럴 때에 미즈호 브랜드로 도전한 28엔짜리 두부야말로 '진짜' 염가판매라고 나는 자부한다.

그러나 솔직히 말해 28엔이라는 가격은 너무 낮다. 단번에 100엔으로 올리라고는 못 하겠지만 어쨌든 20엔 정도 가격을 더 올려도 좋지 않을까?

"20엔 값을 올려 48엔으로 팔아도 날개 돋친 듯 팔릴 거라고 생각합니다. 그렇게 되면 슈퍼도 좀 더 이익을 볼 수 있지 않습니까? 우리 쪽은 가격을 인상하지 않아도 상관없지만, 그저 기분상 저희에게도 조금만 이익을 나눠주신다면 마다하지 않겠습니다"라며 나는 농담 반 진담 반으로 이렇게 얘기했다.

어쨌든 28엔짜리 두부의 성공으로 슈퍼와 원활한 파트너 관계가 성립되었다.

법칙 40
오픈프라이스 방식으로 책임 소재를 명확히 한다

슈퍼에서 성공을 거두면서 기존의 영업방식도 바꾸었다. 지금까지는 두부를 가져가 "슈퍼에서 148엔에 판다면 저희는 105엔에 납품하겠습니다"라는 식으로 영업을 해왔다. 즉, 소매가격을 제시하고 소매가격의 50%나 40%를 납품가격으로 삼는 영업을 해왔다. 그러나 이런 영업방식은 더 이상 먹히지 않는다. 이제는 영업방식을 바꿔야 한다. 내가 최고 판매담당자 자격으로 거래처를 방문할 때에는 우선 이런 질문을 먼저 한다.

"귀사에서는 이 두부를 얼마에 팔면 1만 모를 팔 자신이 있습니까?"

두부의 단위를 1만 모로 정해놓고 이쪽에서 먼저 질문하는 것이다. 그러면 상대방은 "이 정도 품질로 1만 모라면 58엔 정도?"라고 대답한다.

그러면 쉴 틈을 주지 않고 곧바로 다음과 같이 말한다.

"꼭 1만 모를 파셔야 합니다. 58엔이면 되겠습니까? 약속해주시죠."

"아니, 약속은 좀……."

"그럼 48엔이면 되겠습니까?"

"그래도 58엔이 좋을 거 같은데요."

"그럼 그렇게 합시다. 그 대신 1만 모 말고 5,000모로 합시다."

"5,000모라면 괜찮네요."

이런 식으로 가격교섭을 시작한다. 그 다음에 예를 들어 58엔에 판다면 납품가격은 얼마면 되겠냐는 식으로 이야기를 마무리 짓는다.

나는 이를 두부의 오픈프라이스제(권장소비자가격제와는 달리 최종 판매자가 판매가를 표시하는 제도 – 편집자 주)라고 말한다. 두부업계에서 오픈프라이스라는 발상을 한 사람은 아마 내가 최초일 것이다. 원래는 가전업계에서 먼저 시작했고 이제는 오픈프라이스 시대라고 해도 좋을 때에 왜 두부업계만 소비자가격을 제시하는가?

생각을 바꿔야 한다. 가전제조업체를 본받아 두부업계에서도 오픈프라이스로 경쟁해야 한다. 그렇게 되면 같은 두부라도 슈퍼에 따라 가격이 달라지게 된다. 예를 들어 이토요카도나 이온처럼 대규모 슈퍼 체인이라면 마땅히 스토어 로열티(store royalty, 점포에 대한 고객의 충성도)가 높아서 이쪽이 30엔에 납품한다면 소비자가격 70엔, 80엔에 팔 것이다. 반대로 이쪽이 30엔에 납품해도 비가 샐 듯한 초라한 가게에서 판다면 스토어 로열티는 낮아지므로 소비자가격은 35, 40엔 정도가 될 것이다.

이렇듯 오픈프라이스제를 할 경우 판매가격을 결정하는 것은 어디까지나 슈퍼 쪽이다. 아무리 스토어 로열티를 잘못 판단해 두부가 팔리지 않더라도 책임은 어디까지나 판매가격을 결정한 슈퍼 측에 있다. 영업에 이와 같은 오픈프라이스 사고를 도입함으로써 서로 책임을 명확하게 하는 대등한 관계가 성립될 수 있다. 앞으로의 영업은 아마 이렇게 될 것이다. 그런 의미에서 지금은 영업 노하우의 대전환기를 맞고 있는 셈이다.

법칙 41
소비자는 가격보다 상품가치를 보고 구매한다

나는 지금까지 '팔리지 않는 상품을 어떻게 팔아야 하나?' 하는 도전을 되풀이해왔다. 소비자들이 많이 모이는 장소에서 두부를 파는 것은 솔직히 말해 쉬운 일이다. 하지만 소비자가 거의 없는 곳에서 상품을 팔기 위해 노력함으로써 비로소 중요한 것은 '가격이 아닌 품질'이라는 사실을 깨닫게 되었다.

상품이란 품질이 가격보다 우월하지 않으면 절대 팔리지 않는다. 품질이 가격보다 우월하려면 어떻게 해야 할까? 나는 이 점을 줄곧 고민해왔고 품질을 높이기 위해 노력했다. 그렇기 때문에 시노자키야가 진출한 곳에는 언제나 두부가 많이 팔리는 것은 어떤 의미에서는 매우 당연한 일이다.

한편으로 시노자키야는 브랜딩 전략으로 기존의 '시게조 두부'와 슈퍼에 도매납품하는 두부를 명확하게 차별화하고 있다. '시게조 두부'는 어디까지나 일반 소매점에서밖에 살 수 없으며, 원재료도 슈퍼에 도매납품하는 두부와는 다르다. 지금까지 키워온 '시게조 두부' 브랜드는 좀 더 고급화 전략을 지향해야 하며 이런 전략은 절대적으로 필요하다. 왜냐하면 앞으로는 '양극화 시대'가 될 것이기 때문이다. '시게조 두부'는 300엔짜리 고급 제품을 200엔에 살 수 있어 이익이라는 느낌을 소비자에게 줄 필요가 있으며 슈퍼 두부는 100엔짜리 상품을 50~60엔에 살 수 있다는 가격할인 혜택을 강조해야 한다.

이처럼 고급 브랜드와 저가 브랜드라는 양 극단의 성격을 지니고 있는 상품을 모두 갖추고 있다는 사실은 소비자의 입장을 정확하게 반영한 결과라고 할 수 있다.

처음부터 내 목표는 두부시장에서 시장점유율 30%를 획득하는 것이었다. 지금까지 다양한 시행착오를 되풀이하면서 제조소매업으로 특화해 '시계조 두부'를 키워 왔지만, 역시 제조소매업만으로는 시장 점유율 30%를 획득하는 것은 어려운 일이다. 그래서 언젠가 슈퍼 도매업을 재개하고 싶다는 생각을 해왔다. 하지만 슈퍼와 거래를 다시 시작하기에는 아직 시기상조라고 여기고 있을 때 앞에서 얘기한 대로 우연히 그런 기회가 넝쿨째 굴러왔다. 이는 다른 사람들이 보기에는 어차피 슈퍼랑 거래를 다시 할 걸 뭐하러 그만두었냐는 생각에서 '우회'라고 여길지 모른다. 게다가 슈퍼와의 거래를 끊은 대가로 경영상의 어려움을 겪었던 터라 분명 여기까지 오는 여정이 결코 순탄치만은 않았다.

그러나 내 입장에서는 볼 때 이 길은 가장 빠른 지름길이었다. 슈퍼 도매업에서 손을 뗐기 때문에 소매업을 철저하게 공부할 수 있었고, 잘 팔리지 않는 곳에서 매출을 올리고 소비자를 불러 모을 수 있었다. 이런 시행착오를 계속 반복했던 5년이라는 경험이 있었기에 비로소 진짜 팔리는 상품이 무엇인지를 깨닫게 되었다.

아마 창업할 당시 그대로 슈퍼와 거래를 계속하고 있었다면 지금과 같은 성공은 결코 거두지 못했을 것이다. 오히려 우회함으로써 슈퍼와 대등한 관계를 구축하고, 그런 가운데 장래에 두부업계의 걸리버가 될 수 있는 가능성을 마련했다.

그러나 모든 일은 단 한 모의 두부에서 시작되었다는 사실을 결코 잊어서는 안 된다. 두부 한 모의 가치가 가격을 웃돌기 위해서는 어떤 시스템을 만들어야 할까? 모든 것은 바로 여기에서부터 시작된다.

1. 싸고 좋은 제품은 반드시 팔린다

마케팅 이론 중에 '시모노세키산(産) 복어'라는 이론이 있다.

시모노세키산 복어는 일본 전국에서도 맛있기로 유명해 복어 때문에 시모노세키로 업자들이 몰려들고 일부러 복어 요리를 먹으러 찾아오는 손님까지 있다.

따라서, 맛있는 두부를 싸게 파는 직판점을 만들면 멀다 해도 반드시 사러 오는 손님이 있을 것이라는 가설을 세웠다. 첫날 매상을 보고 나는 깜짝 놀라고 말았다. 돈 상자에는 무려 7,800엔이나 들어 있었기 때문이다. 이렇듯 입지조건이 최악인데도 맛있고 싸니까 잘 팔리는 것이다. 즉, '시모노세키산 복어' 이론이 증명된 것이다.

2. 긍정적으로 생각하고 문제 해결에 초점을 맞춰라

'세상만사는 생각하기 나름'이라는 말이 있다.

공장가동률이 악화되고 원가가 상승했는데도 두부 4모에 200엔을 받고 팔면 적자가 날 것이 분명하다. 이런 경우에는 제조원가를 좀 더 낮추면 되는데, 제조원가를 낮추려면 공장가동률이 올리면 된다.

그렇다면 어떻게 해야 할까? 많이 파는 수밖에 없다. 그러려면 직판점을 늘려가는 수밖에 없다. 지금은 손해를 보고 팔지만 나중에는 반드시 회수할 수 있다는 자신이 있었다. 바로 이런 점이 다른 사람들과 다른 나만의 '거꾸로 발상'이다.

3. 비싸도 팔리는 힘, 브랜드 파워를 키워라

브랜드 파워에는 절대적인 힘이 있다.

그렇다면 시노자키야의 '시계조 두부'도 마찬가지 아니겠는가? 즉, '시계조 두부'를 음식점에서 요리해 팔아 브랜드 파워를 높이는 것이다. 그 뒤에 두부를 판매한다면 시노자키야의 두부 가치는 분명히 올라갈 것이다. 게다가 이를 공장 출하 때와 같은 가격대로 출시한다면 더욱 부가가치가 높아질 것이 틀림없다.

4. 실패는 성공으로 가는 디딤돌이다

사업이 늘 순풍에 돛 단 듯 순조롭게 나아갈 수는 없다. 나 역시 외식점 프랜차이즈 사업에서 몇 번이나 실패를 경험했다. 경험 없는 일에 도전할 때는 더욱 그렇다. 그러나 실패를 두려워해서는 절대로 앞으로 나아갈 수 없다. 실패 속에 진짜 중요한 교훈, 즉 새로운 활로를 개척할 수 있는 힌트가 숨겨져 있기 때문이다.

5. 거꾸로 발상으로 위기를 극복한다

위기는 곧 기회라는 말이 있다. 사람은 위기에 처할수록 죽을힘을 다해 생각하기 때문이다. 현장을 보고, 손님을 보고, 상품을 보자. 안테나를 높이 세우고 주위를 살펴보라. 그리고 거꾸로 생각해 보라. 위기를 넘길 수 있는 아이디어를 틀림없이 발견할 수 있을 것이다.

6. 덤 마케팅으로 단골을 만든다

직영점인 '3대째 시계조' 제1호점의 경영 위기를 극복하기 위해 점심메뉴에 덤 방식을 도입했다. 점심을 먹으러 왔더니 "어라, 서비스 음식이 이렇게 많네!"라고 말할 정도로 덤을 주는 것이다. 이것이야말로 손님을 다시 찾아오게 만드는 가장 중요한 핵심이기 때문이다.

7. 개업 초기 매출을 기준으로 혁신하라

항상 개혁하지 않으면 손님들은 금방 싫증을 낸다. 손님이 싫증을 내면 낭연히 매상은 개업 초기를 정점으로 계속 떨어지게 마련이다. 그러므로 기준으로 삼아야 할 것은 '전년도 대비 매출'이 아니라 항상 개업 당시의 매출과 새로운 마음가짐을 목표로 삼아야 한다.

8. 주류판매점에서 두부를 팔다

소매점을 운영할 때에는 판매관리에 비용이 가장 많이 든다. 이를 제로로 만드는 방법을 생각해낸다면 보다 품질 좋은 상품을 만드는 데 비용을 집중시킬 수 있다. 가맹점과 직영점의 장점과 단점을 고려할 때 비로소 최강의 원-원 관계가 보인다. 바로 새로운 비즈니스 모델이 탄생하는 순간이다.

9. 중요한 것은 가격이 아니라 품질이다

나는 지금까지 '팔리지 않는 상품을 어떻게 팔아야 하나?'하는 도전을 되풀이해왔다. 소비자들이 많이 모이는 장소에서 두부를 파는 것은 솔직히 말해 쉬운 일이다. 하지만 소비자가 거의 없는 곳에서 상품을 팔기 위해 노력함으로써 비로소 중요한 것은 '가격이 아닌 품질'이라는 사실을 깨닫게 되었다.

상품이란 품질이 가격보다 우월하지 않으면 절대 팔리지 않는다. 그렇다면 품질이 가격보다 우월하려면 어떻게 해야 할까? 우리는 이 점을 중요하게 고민해야 한다.

stage 04

M&A로
사업속도를 단숨에
높이다

작은 것을 묶어 크게 만든다

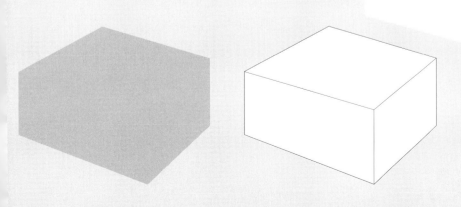

1 제조소매업 한 분야만 고집하다

사업이 확장되는 과정에서 기업이 가야 할 방향을 잃고 헤맬 때가 있다.
이때 눈앞에는 큰 함정이 도사리고 있다. 승승장구하고 있을 때야말로 본래의 '목
적'을 되새기며 경영에 힘을 실어야 한다. 그래야 기업은 계속 살아남을 수 있다.

'2926'이라는 코드에 담긴 경영원칙

도쿄증시 마더스에서 시노자키야의 회사코드는 2926이다. 이 4자
리 숫자 배열이 내게는 아주 커다란 의미를 지닌다. 이는 '식품' 코드
이기 때문이다. 두부회사이므로 당연한 것 아니냐고 생각할지 모르지

만, 주식 상장 전에 시노자키야는 제조업보다 외식점 비중이 더 컸다. 전체 사업의 70%가 외식업이고, 30%가 소매업이었다. 따라서 매출의 70%가 외식업이므로 '두부레스토랑'으로 분류되어야 한다. 그러나 나는 끝까지 제조소매업을 고집했다.

"다양한 사업을 벌이고 있는 유니클로나 도요타와 마찬가지다."라고 계속 우겼던 것이다.

이는 두부장수로 성공을 꿈꿔온 나로서는 절대 양보할 수 없는 부분이었다. 상장한 시노자키야가 "우리 회사에서는 두부레스토랑 체인점을 운영하고 있습니다"라고 말했다면 아마 2003년 11월에 상장돼 첫 거래되는 시초가(始初價) 44만 2,000엔(공시가격 26만 엔)을 기록하는 일도 없었을 것이다. 분명 시노자키야는 외식업 비중이 높긴 하지만, 이는 두부를 팔기 위한 판로에 불과하다. 과거에 마쓰시타 고노스케 (일본 가전업체인 마쓰시타전기산업(주)의 창업자. 1894~1989)가 특약점을 5만 개나 조직한 것처럼 나도 5만 개의 직판점에 내 두부를 제조판매하는 것이 내 본래의 사업전략이다. 나는 어디까지나 두부회사로서 상장하고 싶었다.

시노자키야의 사업 내용에는 분명히 '콩 가공식품의 제조판매 및 소매 · 외식점 경영, 소매 · 외식점의 체인 경영'이라고 적혀 있지만, 나는 다른 무엇보다도 '콩 가공식품의 제조판매 및 소매'에 애착을 갖고 있다. 이런 내 생각이 바로 2926이라는 회사코드에 고스란히 담겨 있다.

법칙 43

항상 '목적'을 생각한다

시노자키야의 상장 전과 상장 후 매출액을 비교해보면, 그렇게 많이 늘지는 않았지만 경상이익은 놀라울 정도로 증가하고 있다. 여기에는 몇 가지 이유가 있다. 2002년과 2003년에 걸쳐 시노자키야는 소매업을 본격적으로 전개하지 않은 채 외식 프랜차이즈 사업을 핵심사업으로 삼고 있었다. 당시 매출 구성비에서 가장 많이 차지했던 것은 외식점의 점포 시공비였다. 프랜차이즈 외식점 한 곳을 출점할 때 실제로는 업자에게 위탁하긴 했지만 점포 시공이라는 매출을 세웠다. 점포 시공비는 아마 4억~5억 엔 정도일 것이다. 그 후 2003년 들어 회계사의 권고로 점포 시공을 매출에 포함시키는 것을 그만두고 소매로 특화해 외식 프랜차이즈 체인점 출점을 줄였다. 그 결과, 상품 비율이 단숨에 늘어나 매출액은 동일했지만 1억 2,000만 엔 이상의 흑자로 전환하게 되었다.

이를 두부 숫자로 비교해보자. 내가 슈퍼와 거래를 하고 있었던 1999년 당시에는 작은 공장 두 곳에서 하루 두부 만 모를 생산하고 있었지만, 2000년 슈퍼와 결별했을 때에는 하루 생산량이 1,000~2,000모까지 급격하게 줄었다. 그 후 2002년 한 해 동안 외식점 프랜차이즈 사업의 성장으로 생산량이 5,000~6,000모로 늘어났고, 2003년에는 소매업이 활기를 띠면서 2만 모까지 생산량을 회복할 수 있었다.

보통 외식점 하나를 내려면 5,000만~6,000만 엔의 투자금이 필요하지만 매출은 그런대로 괜찮은 편이다. 하지만 팔리는 두부의 숫자로만 비교한다면, 외식점 한 곳의 매출은 소매점 한 곳의 매출과는 비교할 수 없을 정도로 적다. 외식점에서는 하루에 두부를 30모 정도 소비하지만 소매점의 경우에는 하루 100모에서 200모 정도 팔리기 때문이다. 이는 소비자의 소비패턴을 분석해보면 쉽게 알 수 있다. 외식점에 가서 물두부(두부를 살짝 데쳐서 양념장에 찍어 먹는 요리)나 두부전골을 주문해도 한 사람당 두부 한 모를 다 먹을 수 없다. 잘 먹는 사람이라도 기껏해야 반 모, 보통 사람이면 두세 조각일 것이다. 그런데 소매점에서는 주부가 보통 한 번에 두부 두 모, 세 모를 사간다. 이런 차이는 생각보다 꽤 크다. 그렇기 때문에 '시노자키야'는 어디까지나 두부의 제조판매업을 고집할 수밖에 없다.

2 '시계조'란 포털 사이트를 확대하다

기업성장 전략 가운데 하나로 M&A가 주목을 받고 있다.

브랜드 파워가 커지고 독자적인 판로를 확립했다면 이제는 다양한 콘텐츠를 갖춰야 한다. 나는 IT 업계의 사업전략을 '자신의 손으로 만든 상품을 판다'는 이념에 적용시켰다. 이렇게 해서 새로운 기술과 전략은 자사의 것이 된다.

법칙 44
인터넷 포털에서 사업 확대의 힌트를 얻는다

응용할 만한 사업상 힌트는 여기저기서 굴러다닌다. 예를 들어 시노자키야의 M&A전략은 IT 업계의 전략을 응용하고 있다. '시계조 두부'를 판매하는 체인점은 현재 약 500여 개 있으며, 이곳에서는 냉장고를 설치하고 두부뿐 아니라 몇 가지 두부 관련 상품을 갖춰놓았다. 이는 야후의 포털 사이트를 참고했다. 야후라는 인터넷 포털 사이트에 들어가 보면, 쇼핑도 할 수 있으며 일기예보나 뉴스도 볼 수 있고 옥션도 할 수 있다. 다양한 콘텐츠들이 점점 늘어나고 있다. 이렇듯 콘텐츠가 늘어나면 포털 사이트를 찾는 이들도 많아진다. '시게조 두부'라는 점포 역시 이런 포털 사이트와 마찬가지다. 두부와 주류만 있다면 이를 사기 위한 소비자들밖에 찾아오지 않는다. 그러나 여기에 좀 더 다양한 콘텐츠, 즉 상품 구색을 갖춰놓는다면 다양한 계층의 소비자들이 찾아올 것이다.

이런 이유로 나는 2005년에 M&A 전략을 세우게 되었다. 그런데 "왜 M&A입니까? OEM 방식으로 만들면 되잖아요?"라고 질문하는 사람도 있다. 그들에게 나는 OEM(주문자 상표 부착 생산) 방식으로 생산하면 슈퍼와 똑같아지기 때문에 M&A를 선택했다고 대답한다. 나는 슈퍼가 최대의 도매업자라고 생각한다. 슈퍼는 상품을 만들지 않고, 납품을 받아 팔고 있다. 이 점만 봐도 시노자키야가 OEM으로 만들어서는 슈퍼와 결코 경쟁상대가 될 수 없다는 사실을 쉽게 알 수 있을 것이다.

그렇다면 시노자키야는 어떻게 해야 할까? 바로 '자사가 만든 상품을 그 자리에서 판다'는 비즈니스 모델을 도입해야 한다. 시노자키야는 두부로 성공했으니 콘텐츠가 다른 상품을 사서 이를 같은 포털 사이트에서 직접 판매한다면 틀림없이 성공을 거둘 것이다. 이에 따라 건조

면과 나물반찬, 콩자반 등을 만드는 회사처럼 다양한 업종을 M&A로 사들였으며, 얼마 전에는 슈마이(돼지고기나 새우 등을 넣고 비교적 얇은 피로 감싸서 쪄낸 중국 딤섬의 일종 – 편집자 주)와 만두를 제조하는 업체도 인수했다. 즉, 두부공장 직판점에서 식품공장 직판점으로 점점 품종을 넓혀가는 것이 미래를 위한 시노자키야의 주요 사업전략이다. 다시 말하면 손에 들고 있는 카드 숫자를 늘려가는 방법이다. 이를 위해 M&A 전략이 반드시 필요하다. 포털 사이트에 얼마나 다양한 콘텐트를 갖추느냐가 사업 확장의 열쇠이기 때문이다.

법칙 45
M&A로 두부업계의 부활을 꿈꾸다

지금 두부업계는 위기상황에 처해 있다. 도산하는 두부회사들과 가동을 멈춘 두부 공장들이 늘어나고 있다. 이런 회사들과 업무제휴를 할 수 있는 길을 모색하다가 결과적으로 M&A를 한 경우도 있었다.

원래 시노자키야가 M&A 전략을 추진하게 된 계기는 두부 관련 상품의 개발 때문이다. 예를 들어 두유로 만든 아이스크림이나 두유를 반죽한 소바 · 우동 · 라면, 그리고 콩을 으깨어 5미크론 이하의 미세 분말로 만든 '나노테크 콩'을 이용한 빵이나 케이크, 버려져 산업폐기물이 되는 비지를 재활용한 건축자재 등을 이전까지 외부 제조업체에

OEM 방식으로 생산했다. 그런데 이런 제품의 주문량이 점차 늘어남에 따라 이 정도로 주문량이 많다면 차라리 자사에서 생산하는 편이 낫겠다고 생각했다. 또 이런 상품개발과 관련된 기업을 M&A로 인수하는 것이 유리하겠다고 판단했다.

이런 이유로 시노자키야가 처음으로 M&A를 한 회사는 미야기현에 있는 '시로이시흥산'이다. 시로이시흥산은 온면이라 부르는 유명한 건조면의 제조판매회사로 민법상 회사 회생절차를 밟고 있는 중이었으며, 두유를 반죽한 즉석면을 만들어 신상품으로 판매하겠다는 계획을 갖고 있었다. 시로이시흥산과의 M&A는 시노자키야로서도 매우 좋은 기회였지만, '시로이시흥산'의 입장에서도 시노자키야가 갖고 있는 점포와 판매망을 이용해 상품을 팔 수 있다는 이점이 있었다. 이외에도 아이스크림 회사나 슈마이 제조공장, 곤약 제조공장 등 공장을 가진 제조업체들을 M&A를 통해 차례로 인수해 기업의 규모를 키웠다. 이는 지금까지 OEM 생산방식으로 만들었던 상품들을 모두 자사가 직접 생산하려는 전략의 일환이다.

이런 흐름 속에서 식품도매회사인 '미즈호'도 자회사로 만들기로 결정했다. 그리고 2005년 8월에 M&A한 '덴구'는 관동에서 가장 큰 두부 관련 제조업체였다. 2003년에 매출 83억 엔, 경상이익 4억 엔이라는 최고 결산을 냈던 회사가 큰 슈퍼 체인과 거래가 끊겼다는 이유로 하루아침에 파산한 것이다. 덴구는 2003년 6월 무렵까지는 월 매출이 4억~5억 엔 정도는 되었지만, 7월 말에 파산하자마자 월 매출이 단숨에 7,000만 엔까지 줄었다. 그래서 나와 나카야마 부사장이 M&A에 착수해 생산라인을 정비하고 M&A를 위한 모든 절차를 마쳤다. 그 결과, 파산 직후에는 하루 17섬밖에 두부를 생산하지 못했지만 그 후 3개월 만에 160섬까지 생산량을 회복했다. 이런 의미에서 M&A는 기업 재생이며 두부업계의 부활이라고 말할 수 있다.

3 원스톱 생산 시스템을 구축하다

> 빠른 속도와 세심한 주의력이 필요할 때 자신의 생산공장을 가졌다는 사실은 큰 힘이 된다. 그런 이유로 나는 아웃소싱이 아닌, M & A를 선택한다.
> 기업의 비전이 기반에 깔려 있기에 전략에 흔들림이나 망설임이 없다. 비전의 중요성이란 바로 이런 점에 있다.

법칙 46
내 손으로 직접 경영이념을 완수한다

지금까지 시노자키야는 어느 정도 아웃소싱을 하면서 이끌어왔지만 앞으로는 될 수 있는 한 자체 생산을 하려 한다. 이런 내 생각은 혼다기연공업의 근본적인 사고방식을 참고한 것이다. 아웃소싱으로는 아무래도 시노자키야가 원하는 생산속도를 맞추지 못하기 때문이다. 특히 내가 원하는 대로 맞춰줄 수 있는 사람은 거의 본 적이 없다. 나는 '변덕쟁이'라고 불릴 정도로 갑자기 생각을 바꾸는 경우가 종종 있기 때문이다.

아무리 어제 단언한 말이라도 '틀렸다'는 생각이 들면 곧바로 바꾼다. 이런 민첩함 역시 경영자로서 가져야 할 자질 중 하나라고 생각한다. 하지만 커다란 조직을 경영하다 보면 이런 변화에 좇아갈 수 없게 된다. 움직임이 굼뜨고 미약해진다. 하지만 앞으로는 바뀌어야 한다.

과거 혼다의 창업자인 혼다 소이치로가 "미국으로 진출하자"라고 선언했을 때 간부진들은 난색을 표하며 "우선은 동남아부터 시작해야 합니다"라고 충고했다. 이때 혼다 소이치로는 결연한 표정으로 "아니, 틀렸어. 본거지부터 공격해야 한다"라고 딱 잘라 말했다고 한다. 결국은 미국행을 결정했지만 유통을 무역상사에게 맡기느냐의 여부를 두고 한창 논의가 벌어졌을 때, 후지사와 다케오(혼다 소이치로와 함께 혼다기연 공업을 세계적인 기업으로 육성시킨 인물로 잘 알려져 있음)는 "무역상사에 맡겨서는 안 된다. 자사가 직접 하는 게 중요하다"라고 단호하게 주장했다고 한다. 나는 그의 말이 절대적으로 옳다고 생각한다.

경영자로서의 이념을 완수하려면 남에게 맡겨서는 안 된다. 다른 회사나 아웃소싱에 맡기지 말고 어디까지나 자사가 직접 하는 것이 중요하다.

판매관리비를 줄이고 제조원가를 높인다

시노자키야의 기본 입장은 변함이 없다. OEM 방식보다는 자체 생산을 고집하는 것이 시노자키야의 이상(理想)이다. 그러므로 필요하다고 생각되는 제조 콘텐츠를 M&A로 사들이고 있다. 타사에서 만든 상품을 그대로 사서 판다면 현재의 유통업과 다를 바가 없다. 시노자키야의 생산 제품은 전부 자사가 만들어야 한다. 이를 두고 "어처구니없다"라고 말하는 사람도 있을지 모르지만 이런 방법이 성공하는 시대가 반드시 올 것이다. 이를 좀 더 자세히 설명하면 다음과 같다.

매출에는 우선 제조원가가 포함된다. 또한, 판매관리비(인건비·임대료 등)가 있다. 매출에서 제조원가와 판매관리비를 빼면 매출 총이익이 산출된다. 내 계획은 판매관리비를 줄여 좋은 두부를 만들기 위한 제조원가를 올려도 이익을 낼 수 있도록 만드는 데 있다. 똑같은 이익을 낸다 해도 제조원가를 올리고 판매관리비를 내리는 것이다. 소비자의 입장에서 볼 때 과연 어느 쪽이 유리한지는 금방 알 수 있을 것이다.

이 비즈니스 모델로 간다면 반드시 성공한다. 바로 여기에 제조소매업의 강점이 담겨 있다. 저가 의류업체인 유니클로가 성공할 수 있었던 이유나 유니클로가 6,000엔이나 되는 일명 '플리스(fleece, 폴리에스테르 원단에 기계적인 기모를 일으켜 부드러운 털로 가공한 섬유 소재. 가볍고 보온성이 높음 – 편집자 주)'를 1,980엔에 팔 수 있었던 것도 모두 제조소매업을 하고 있었기 때문이다. 그전까지 플리스는 등산하는 사람들만 입는 옷으로 알려져 있었지만 실제로 입어보니 편하고 따뜻하다는 사실을 알게 되었다. 하지만 6,000엔이란 가격은 너무 비싸 쉽게 엄두가 나지 않는다. 바로 그때 유니클로가 1980엔이라는 저렴한 가격으로 제품을 내놓았기에 너도나도 플리스를 입을 수 있게 되었다. 이처럼 얼마나 저렴하게 생산할 수 있는가는 판매관리비나 제조원가를 어떻게 해야 하는지에 대한 문제와 직면하게 된다. 이런 원리는 어느 업계에서나 마찬가지다.

4
1,000억 엔을 목표로
청사진을 그리다

목표는 숫자로 표시해야 한다.
수치가 없는 목표는 골인지점이 보이지 않는 달리기와 같다. 하지만 명확한 목표 수
치를 세우는 것만으로 끝이 아니다. 목표 수치를 달성하기 위한 전략과 구체적인 계
획이 담긴 청사진을 그려볼 수 있어야 한다.

법칙 48
M&A로 기업 성장속도를 높인다

2004년부터 시작된 M&A를 통해 시노자키야의 자회사는 7개로 늘
어났다. 2003년 11월에 주식 상장을 한 이래 구체적인 M&A 전략은
시노자키야의 주가 변화에 따라 결단을 내렸다. 시노자키야의 주가 성

장률을 고려한다면 이에 따라야 할 의무가 있다고 생각했기 때문이다. 그러나 두부만을 팔아서는 절대로 주주들이 기대하는 주가 수준에는 도달할 수 없다. 한 모 팔아서 겨우 10~20엔 남는 두부로 수익을 크게 낸다는 것은 매우 어려운 일이기 때문이다. 아마 지금의 공장이 10배로 커지지 않는 한 이는 절대 불가능할 것이다.

하지만 내가 그저 평범한 두부장수가 아니라는 사실을 주주들도 잘 알고 있었다. 그래서 시노자키야의 주식을 사준 것이다. 이는 곧 '단순한 두부장수가 아닌 꿈이 있는 두부장수'에 대한 주주들의 기대에 계속 부응해야 한다는 의미다. 그래서 나는 앞으로는 M&A를 통한 식품 연합군을 목표로 해 직접 제조·판매 네크워크를 구축하려고 마음먹었다. 일개 두부장수로서 여기까지 잘해 왔으므로 앞으로는 성공할 일만 남았다고 생각했다.

시간은 절대 기다려주지 않는다. 그러므로 M&A로 시간을 사야 한다. 그리고 상품을 가장 저렴하게 생산할 수 있는 체제를 구축해야 한다. 지금은 이대로 계속 확대노선을 달려가는 수밖에 없다.

시노자키야가 처음으로 M&A를 하게 된 이유는 자사 제품을 전부 자체 생산해 제품을 충실하게 갖추기 위해서다. 그전까지 시노자키야 공장에서는 두부와 간모도키만 자사에서 직접 만들었을 뿐 유부는 OEM 방식으로 생산했고 그 밖의 콩 가공식품류도 두부와 두유, 간수 등을 제조업체로 보내 두부슈마이나 두유아이스크림, 두부케이크 등을 만들었다.

그런데 우연히 M&A로 매수하려던 회사가 건조면 제조업체로, 이 회사를 재생시키면 두유를 반죽한 소바, 우동, 라면 등을 자사에서 직접 만들 수 있다는 사실을 깨달았다. 또한, M&A로 인수했던 다른 공장에서는 두부 외에 곤약, 우무, 유부 등을 만들고 있었는데 M&A를 통해 이를 자사에서 직접 생산할 수 있다면 시노자키야 매장을 전부 자사 제품으로 채울 수 있다.

시노자키야의 핵심은 어디까지나 두부란 사실에는 변함이 없지만 나는 이와 병행해 두부 관련 상품도 충실히 갖춰나갈 생각이었다. M&A로 뭔가 재미있는 일이 시작될 것 같다는 예감이 들었다.

법칙 49
1년 투자금액의 기준은 시가총액의 10%

2005년에는 M&A 전략을 통해 다음 해 매출을 끌어올린다는 목표를 잡았다. 이렇게 큰 목표를 세워두면 M&A 전략과 함께 목표 속에 포함돼 있는 외식업 사업과 시노자키야 사업을 병행시켜나가야 한다는 사실을 한눈에 알 수 있다. M&A를 통해 그룹 전체의 규모가 커지면 여러 면에서 규모의 경제를 실현할 수 있다. 그리고 3년 후에는 외식점을 약 500개, 소매점을 3,000개 늘린다는 목표를 세웠다. 이를 위한 토대를 닦는 일이 바로 2006년도에 해야 할 일이다.

나는 지금까지 시노자키야의 시가총액 10%를 기준으로 다음 해 매출을 올리기 위한 노력을 기울여왔다. 그렇게 하지 않으면 변화도 개혁도 불가능하다. 항상 변화와 개혁을 꾀해야 한다는 것이 내 신념이다. 하지만 시노자키야 사람들이 가장 힘들어하는 것은 "내년 목표를 세워봐라" 하는 말을 들을 때다. 시노자키야에서는 올해 한 일과 내년에 해야 할 일이 전혀 다르기 때문에 내년 목표를 세운다는 것은 매우 어려운 일이다. 예를 들어 올해는 M&A를 적극적으로 추진하고 내년에는 인수한 회사를 성장궤도에 올려놓는다는 계획을 세운다. 그러면 내년에 해야 할 일은 올해 했던 일과 전혀 다른 성격의 일이 된다. 이처럼 매년 하는 일이 다르기에 내년의 사업을 예측하고 그에 맞는 목표를 세우는 것은 여간 힘든 일이 아니다.

"사장님, 내년에는 어떻게 될까요?"라고 내게 물어보면 나는 "어떻게 될지 나도 모르지. 해보지 않고서야 알 리가 없잖아"라고 대답한다.

아무도 가본 적 없는 미지의 땅을 밟으려 하기에 내년 예산이나 전망을 세우는 일이 어려울 수밖에 없다. 도쿄증시 마더스에 상장하기 전의 시노자키야는 외식점 사업에 필사적으로 매달렸다. 상장한 후에는 소매점 사업에도 손을 댔고, M&A에도 적극적으로 임했다. 이렇듯 시노자키야는 해마다 비즈니스 모델이 날랐다. 그렇다 해도 시노자키야는 어디까지나 두부회사로서 성장해야 한다는 사실에는 변함이 없다. 모든 출발점이자 도달점은 바로 '두부 한 모를 어떻게 팔까'이기 때문이다.

사명감을 가지고 경영에 임한다

앞으로도 시노자키야의 M&A 전략의 기본은 두부 관련 업체이다. 물론 전국적으로 M&A를 전개하려는 생각을 하고 있지만 지금은 승승 장구하던 '세븐일레븐 재팬' 조차도 매출 부진을 예측하면서 힘을 합쳐 극복하자고 말하는 시대다. 이런 시대인 만큼 전국에 아직 1만여 개 있는 두부회사들도 힘을 합쳐야 한다.

안 그러면 영세업체들이 많은 두부업계는 슈퍼에 의해 앞으로도 몰락의 길을 걸을 수밖에 없다. 이전에 나는 "식품재벌이 목표"라고 공언한 적이 있다. 이 말은 단순한 '꿈'이나 허튼 바람이 아니다. 명백한 숫자가 뒷받침된 실현 가능한 목표이다.

예를 들어 일반 가정에서 두부나 유부와 같은 콩 가공식품의 소비량은 연간 6,000억 엔에 달한다. 그중 슈퍼에 납품하는 도매시장은 약 3,500억 엔이다. 이는 만일 시장점유율 30%만 차지한다 해도 1,000억 엔 규모의 매출을 올릴 수 있는 기업이 된다는 얘기이다. 오늘날 도산 위기에 몰린 두부회사들과 미래가 불확실한 두부 제조업체들이 늘어나고 있다. 이런 두부 제조업체들을 회생시켜 함께 힘을 합친다면 슈퍼가 독점하고 있는 두부시장의 점유율을 두부업체의 몫으로 돌릴 수 있을 것이다. 따라서 시노자키야의 구체적인 목표는 매출 1,000억 엔 규모의 기업이다. 1,000억 엔 기업을 목표로 한 청사진에서 1단계는 M&A

전략을 통해 약 10억 엔 규모의 두부회사들과 전국적으로 손을 잡아갈 계획이다. 그리고 때로는 도산 위기에 몰린 두부업체를 구제해 부활시키는 노력도 필요할 것이다.

이것이 나의 '사명'이자 '꿈'이다.

5 세계화 전략으로
더 큰 꿈에 도전하다

'재미있을 것 같은 회사'에는 꿈을 품은 인재들이 몰려든다.
그러나 꿈을 실현하려면 어려운 현실을 개척할 수 있는 행동력이 요구된다. 꿈을
향해 달려가면서 계속 새로운 꿈을 품을 수 있는 사람만이 새로운 시대를 열고, 꿈
의 무대에 나아갈 수 있다.

미국을 제패하지 못하면 세계를 제패할 수 없다

지금 전 세계적으로 두부 붐이 일어나고 있다. 이렇게 되면 당연히
머릿속에 떠오르는 생각은 세계화 전략이다. 2006년도부터 시노자키
야는 세계를 무대로 사업을 전개하고 있다. 그 첫발로 우선 하와이를

거점으로 세계화 전략을 전개해나갈 계획이다. 하와이에서 레스토랑을 내겠다는 아이디어가 떠올랐기 때문이다. 그러나 현지조사를 해봤더니, 하와이에는 맛있는 두부를 만들 수 있는 공장이 없었다. 그렇다면 시노자키야에서 하와이에 직접 두부 공장을 건설해야겠다고 마음먹었다.

현재, 시노자키야는 미국과 캐나다에서 콩을 수입하고 있다. 원재료를 수입해 일본의 국내 공장에서 두부를 만들고 있지만, 미국과 캐나다에 두부 공장을 설립해 현지에서 직접 생산한 제품으로 시장점유율을 늘려간다는 구상은 결코 꿈 같은 얘기가 아니다. 이를 위한 첫걸음이 하와이라 해도 전혀 이상할 것이 없다. '시계조' 마크가 새겨진 두부가 하와이에 있는 슈퍼에 진열될지도 모를 일이다.

이왕이면 남들과 다른 커다란 포부를 품고 싶다. 남자로 태어난 이상 전 세계에 승부를 걸어보고 싶다는 야망을 품는 것은 당연한 일 아닌가? 물론 당장 실현할 수 있는 일은 아니다. 하와이에 레스토랑을 내겠다는 꿈이 실현되려면 아직 몇 년이 더 걸릴지 모른다. 가능하면 그전에 일본 요리를 취급하는 시애틀과 샌프란시스코 매장을 통해 '시계조'란 브랜드를 확실하게 알리고 싶다. 우선은 동남아시아가 아니라 미국 진출이다. 이전에 혼다 소이치로가 말했듯이, 미국을 제패하지 않으면 유럽도 세계도 제패할 수 없다. 이 전략이 성공한다면 두부의 재패니즈 드림은 아메리칸 드림도 될 수 있다.

법칙 52

'꿈'을 계속 품을 수 있는 사람만이
미래를 짊어진다

　일본 사이타마현의 작은 두부가게에 지나지 않았던 '시노자키야'가
2003년에는 도쿄증시 마더스에 상장해 세계로 뻗어나가려는 큰 기업
으로 성장했다. 가내수공업에서 대공장을 거느린 주식회사로 변신한
지금, 조직과 인재 양성이 시노자키야의 가장 시급한 과제다. 2006년
6월 현재 시노자키야의 사원 수는 124명, 자회사까지 포함하면 264명
이지만 회사의 성장속도에 조직과 인재가 좇아가지 못하고 있다는 점
이 가장 큰 고민거리다.

　최근 5년 동안 시노자키야는 정신없이 앞만 보고 달려왔기 때문에
인재를 육성할 여유가 없었다. 인재를 키우기보다는 지금 당장 나가 싸
울 수 있는 경력사원이 필요했다. 그래도 매스컴에서 많이 다뤄진 덕분
에 시노자키야에는 다양한 능력을 갖춘 인재들이 몰려오고 있다. 두부
와는 전혀 관련이 없는 증권업계에서 온 사람도 있다. 채용 공고를 내
지 않아도 뭔가 재미있는 일이 있을 거라는 기대를 품고 찾아오는 사람
들이다. 시노자키야를 무대로 자신의 꿈을 마음껏 펼쳐보고 싶은 희망
을 품고 찾아온 사람들이다.

　M&A 역시 이런 사원들이 주체가 되어 움직이고 있는 사업전략 중
하나이다. 그중에는 내 강연을 듣고 "꼭 함께 일하게 해주십시오"라고

부탁하는 사람도 있다. 이쪽에서는 "강연에서 말한 것처럼 멋진 일만 하는 건 아닙니다"라고 간곡하게 설득했지만 실제로 대기업에서 시노자키야로 이직한 사람들도 여러 명 있다.

그러나 업계에서 안정된 지위를 성취한 대기업과 지금부터 혼란의 시대를 맞아 필사적으로 달려야 하는 신생 기업과는 근본적으로 기업 풍토가 다르다. 아마 내 방식에 익숙해질 때까지는 시간이 많이 걸릴 것이다.

앞으로는 적극적인 헤드헌팅도 필요할 것이다. 이 정도 규모로 관련 회사들이 속속 늘어난다면 시스템 관련 인재나 회계 관련 인재를 증원해야 한다. 두부업계에 대해 잘 모르는 사람도 우수하다면 계속 채용해 갈 생각이다. 또한 두부 제조·영업·소매와 같은 분야에서는 갓 졸업한 신입사원처럼 아직 때가 묻지 않은 인재들이 많이 찾아오기를 기대한다. 내가 하나부터 가르쳐 키운 보람을 느낄 수 있는 인재가 있다면 앞으로의 '꿈'을 함께 나눌 수 있을 것이다. 가능하면 제2, 제3의 나 같은 인물을 키우고 싶다.

그러나 시노자키야에서는 하나부터 열까지 가르칠 여유가 없다. 시노자키야와 같은 회사는 자기관리가 철저하지 못한 사람은 적응해갈 수 없다. 일일이 가르쳐주기만을 기다리지 말고 선배들이 일하는 모습을 지켜보면서 적극적으로 배우려는 사람, 즉 스스로 성장하는 타입이 아니면 살아남기 힘들다.

어찌되었든 시노자키야는 마치 어린 대나무처럼 힘차게 성장해가고 있는 회사이다. 그러므로 시대의 상황에 맞추어 변화하는 민첩성과 도전정신, 무엇보다도 '꿈'을 계속 품을 수 있는 사람만이 미래의 시노자키야를 짊어지고 나갈 인재라고 나는 굳게 믿는다.

1. 제조소매업 한 분야만 고집한다

사업이 확장되는 과정에서 기업이 가야 할 방향을 잃고 헤맬 때가 있다. 이때 눈앞에는 큰 함정이 도사리고 있다. 승승장구하고 있을 때야말로 본래의 '목적'을 되새기며 경영에 힘을 실어야 한다. 그래야 기업은 계속 살아남을 수 있다.

2. 다른 업종에서 사업 확대의 힌트를 얻는다

응용할 만한 사업상 힌트는 여기저기서 굴러다닌다. 예를 들어 시노자키야의 M&A 전략은 IT 업계의 전략을 응용하고 있다. '시계조 두부'를 판매하는 가맹점은 현재 약 500여 개 있으며, 이곳에서는 냉장고를 설치하고 두부뿐 아니라 몇 가지 두부 관련 상품을 갖춰놓았다.

이는 야후의 포털 사이트를 참고했다. 야후라는 인터넷 포털 사이트를 들어가 보면, 쇼핑도 할 수 있으며 일기예보나 뉴스도 볼 수 있고 옥션도 할 수 있다. 다양한 콘텐츠들이 점점 늘어나고 있다. 이렇듯 콘텐츠가 늘어나면 포털 사이트를 찾는 이들도 많아진다. '시계조 두부'라는 점포 역시 이런 포털 사이트와 마찬가지다.

3. M&A로 기업 이념을 완수한다

빠른 속도와 세심한 주의력이 필요할 때 자신의 생산공장을 가졌다는 사실은 큰 힘이 된다. 그런 이유로 나는 아웃소싱이 아닌, M&A를 선택한다. 이념이 기반에 깔려 있기에 전략에 흔들림이나 망설임이 없다. 이념의 중요성이란 바로 이런 점에 있다.

지금까지 시노자키야는 어느 정도 아웃소싱을 하면서 이끌어왔지만 앞으로는 될 수 있는 한 자체 생산을 하려 한다. 이런 내 생각은 혼다기연공업의 근본적인 사고방식을 참고한 것이다. 아웃소싱으로는 아무래도 시노자키야가 원하는 생산 속도를 맞추지 못하기 때문이다.

4. 목표를 구체적인 수치로 정하라

목표를 세울 때 가장 알기 쉬운 것이 수치다. 수치가 없는 목표는 골인지점이 보이지 않는 달리기와 같다. 하지만 명확한 목표 수치를 세우는 것만으로 끝이 아니다. 목표 수치를 달성하기 위한 전략과 수치 앞에 놓인 청사진을 그려볼 수 있어야 한다.

5. M&A로 기업성장의 꿈을 앞당긴다

2004년부터 시작된 M&A를 통해 시노자키야의 자회사는 7개로 늘어났다. 2003년 11월에 주식 상장을 한 이래 구체적인 M&A 전략은 시노자키야의 주가 변화에 따라 결단을 내렸다. 시노자키야의 주가 성장률을 고려한다면 이에 따라야 할 의무가 있다고 생각했기 때문이다. 그러나 두부만을 팔아서는 절대로 주주들이 기대하는 주가 수준에는 도달할 수 없다, 한 모 팔아서 겨우 10~20엔 남는 두부로 수익을 낸다는 것은 매우 어려운 일이기 때문이다. 시간은 절대 기다려주지 않는다. 그러므로 M&A로 시간을 사야 한다.

6. 1년 투자금액의 기준은 시가총액의 10%

2005년에는 M&A 전략을 통해 다음 해 매출을 끌어올린다는 목표를 잡았다. 이렇게 큰 목표를 세워두면 M&A 전략과 함께 목표 속에 포함돼 있는 외식업 사업과 시노자키야 사업을 병행시켜나가야 한다는 사실을 쉽게 알 수 있다. M&A를 통해 그룹 전체의 규모가 커지면 여러 면에서 규모의 이익을 얻을 수 있을 것으로 기대한 것이다.

나는 지금까지 시노자키야의 시가총액 10%를 기준으로 다음 해 매출을 올리기 위한 노력을 기울여왔다. 그렇게 하지 않으면 변화도 개혁도 불가능하다. 항상 변화와 개혁을 꾀해야 한다는 것이 내 신념이다.

7. 꿈을 품고 실천하는 행동력이 미래를 만든다

어찌되었든 시노자키야는 마치 어린 대나무처럼 힘차게 성장해가고 있는 회사다. '재미있을 것 같은 회사'에는 꿈을 품은 인재들이 몰려든다. 그러나 꿈을 실현하려면 어려운 현실을 개척할 수 있는 행동력이 요구된다. 꿈을 향해 달려가면서 계속 새로운 꿈을 품을 수 있는 사람만이 새로운 시대를 열고, 꿈의 무대에 나아갈 수 있다.

그러므로 시대의 상황에 맞추어 변화하는 민첩성과 기세, 무엇보다도 '꿈'을 계속 품을 수 있는 사람만이 미래의 시노자키야를 짊어지고 나갈 인재라고 나는 굳게 믿는다.

일, 돈, 사람을
다스리는
자기경영의 노하우

변화를 성공으로 이끄는 업무수칙

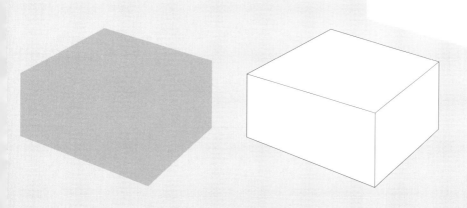

1 내가 소중하게 여기는 것

■ 스스로 항상 새롭게 변화한다

● 개업 때부터 폐업을 염두에 둔다

슈퍼에는 슈퍼 나름의 독자적인 판매방식이 있다. 두부를 사고 싶은 사람은 판매코너에 가서 사고 싶은 것을 자신의 손으로 집어 계산대로 가져가면 된다는 시스템이다. 그러나 상품의 선택권을 고객에게 내맡겨서는 자회사의 두부는 팔리지 않는다. 그렇다면 어떻게 해야 할까?

이때 내가 취한 행동은 앞에서 말한 대로였다. 지금까지와 똑같은 행동을 한다면 지금보다 매출이 더 오를 리 없다. 그러므로 변화해야 한다. 내 머릿속에는 항상 '개혁'이라는 단어가 자리잡고 있다. 현장을 관찰하고 거기에서 번뜩이는 아이디어를 실천해본다. 거기서부터 '개혁'은 시작된다.

나는 늘 새로운 점포를 개업할 때마다 '언제 폐업할 것인가'를 생각한다. 이는 사람노 태어나면 '언제 죽을지'를 생각하고 준비해야 하는 것과 마찬가지다. 죽음이 언제 찾아올지 정확한 시기를 알 수는 없지만 반드시 찾아온다는 것만은 틀림없는 사실이다. 인간은 태어나자마자 죽음을 향해 달리기 시작하는 존재이기 때문이다.

　이는 점포 역시 마찬가지다. 개업하자마자 폐업으로 향하는 길을 걷도록 돼 있다. 그렇다면 살아 있는 동안 얼마나 꽃을 활짝 피울 것인가, 죽기 전까지 어느 정도 연명장치의 도움을 받을 것인가? 시작했을 때부터 나름의 종결방식을 생각해두어야 한다는 말이다. 이것이야말로 나만의 독창적인 '거꾸로 사업전략'이다. 조금이라도 아름다운 꽃을 피우려면 어떻게 해야 할까? 죽음의 순간이 찾아오는 시간을 단 1초라도 뒤로 하기 위해서는 어떻게 해야 하나? 이를 위해서는 끊임없이 '개혁'할 수밖에 없다. 중요한 것은 먼저 자기 자신이 항상 새롭게 변화해야 한다는 것이다.

■ 깨달음은 모든 곳에 존재한다

● 판매방식 하나로 장사가 바뀐다

아무런 생각 없이 되는 대로 살아서는 결코 장사의 힌트를 발견할 수 없다. 예를 들어 지하철로 이동할 때에도 뭔가 깨달은 사람과 그렇지 않은 사람 사이에는 커다란 차이가 있다. 지하철을 탄 후 맨 처음 눈에 들어오는 지하철 광고는 글자의 굵기나 선명한 색깔, 독특한 디자인들이다. 사람은 결코 작은 글자를 먼저 읽지 않는다. 큰 글자에 눈이 끌려 흥미가 당기면 다가가서 그 옆의 작은 글자도 읽게 된다. 따라서 가게에서 직접적인 제품 광고에 사용하는 P.O.P(구매시점 광고) 역시 이런 점을 유의해 만들 필요가 있다. 광고가 뭔가 재미있고 고객의 눈에 띈다면 그만큼 흥미를 가지고 가게를 방문하는 손님도 늘어날 것이다.

상품 진열방법 역시 마찬가지다. 손님의 눈길을 끌려고 뭐든지 다 밖에 내놓고 파는 가게가 있다. 이는 가게 안의 넓은 10평을 놔두고 기껏해야 1평밖에 안 되는 가게 앞에서 장사하려는 어리석은 생각이다. 게다가 더운 여름에 식품을 가게 밖에 내놓고 판다면 누가 사고 싶다는 생각이 들겠는가? 입장을 바꿔 자신이 손님이라면 이런 식품을 좋다고 살 것 같은가?

그리고 가게 입구에서 "어서 오세요"라고 아무리 큰 소리로 떠든다고 해도 이를 듣고 가게에 들어가고 싶다고 생각하는 손님은 아마 없을 것이다. 이런 사실을 깨닫는다면, 가게 앞에 붙인 광고지도 늘 보는 뻔한 인쇄물이 아니라 손으로 직접 쓴 것을 붙인다면 훨씬 인간미가 넘치고 가게의 개성도 표현할 수 있을 것이다.

"이 가게는 이런 상품을 파는구나"라고 손님의 흥미를 끌 수 있다면 손님은 가게에 들어가게 된다. 손님이 가게에 들어가면 더 이상 가게 앞에서 목청껏 소리를 지르면서 장사할 필요가 없다. 그리고 가게 안에는 가장 눈에 띄는 장소에 그날의 '특가상품'을 많이 쌓아놓는다.

'오늘은 이 상품이 추천상품이구나' 라는 사실을 손님이 알게 되면 상품을 구입하게 된다. 이렇듯 판매방식을 바꾸면 가게에 대한 인식과 매출이 달라진다.

● 고품질보다는 구매동기

어떻게 하면 인기상품을 만들 수 있을까? 이는 곧 상품과 서비스에 어떤 부가가치를 담는가의 문제라고 할 수 있다.

가족과 함께 집 근처의 농산물 직판점을 간 적이 있었다. 거기서 건강에 좋다는 오곡미가 있길래 사왔다. 그리고 집에 있던 쌀에 오곡미를 10% 정도 섞어서 밥을 했더니 생각보다 맛이 아주 좋았다. "맛있네. 게다가 몸에도 좋고"라고 내가 말했더니, 아내는 "오곡미는 비싸니까 매일 먹을 수는 없어요"라고 대답했다.

아내의 말대로 같은 무게로 따지면 오곡미가 백미보다 비싸다. 그렇다면 백미 중에서도 값이 싼 백미에 오곡미를 섞어 판다면 보통 쌀과

가격이 같아질 것이다. 이런 생각에 값이 싼 백미를 사서 오곡미와 섞어 아이들에게 주었다. 그러면서 질이 좀 떨어지는 백미에 섞어 밥을 지었으니 아까보다는 맛이 못할 거라 생각했지만 막상 먹어보니 마찬가지로 맛이 있었다. 이때 '그렇구나!'하고 번뜩이는 아이디어가 떠올랐다.

조금 등급이 높아 비싼 백미와 오곡미를 섞은 쌀을 같은 가격에 판다면 소비자는 과연 어떤 쌀을 살 것인가 궁금해졌다. 분명 흰쌀밥만 먹는 사람도 많지만 건강을 중시하는 요즘에는 오곡미가 들어간 쌀을 구입하는 사람도 많다. '오곡미는 비싸다'는 통념이 있었는데, 보통 쌀과 같은 가격으로 살 수 있다면 이는 구매동기를 높이는 부가가치가 될 수 있다. 나는 이 점이 중요하다는 사실을 깨달았다.

우리는 흔히 모든 상품을 고품질로 만들어야 한다고 생각하고 상품을 생산하는 오류를 범한다. 예를 들어 무농약·유기농 재배를 한 야채가 아무리 좋다고 해도 재배과정을 모두 최고급으로 한다면 가격이 올라갈 수밖에 없다. 가격이 비싸면 소비자는 점점 더 멀어진다. 그러나 만일 보통 야채와 같은 가격이라면 유기농 야채나 무농약 야채를 구입하는 소비자는 늘어날 것이다. 쌀도 마찬가지다. 가격이 싸고 맛이 좀 떨어지는 쌀이라 해도 거기에 소비자의 마음을 사로잡는 부가가치가 있다면 잘 팔린다.

■ 실패를 두려워 말고 자신을 믿어라

● '끝까지 해낸다'는 마음가짐이 가장 중요하다

뭔가 결단을 내려야 할 때 잊지 말아야 할 중요한 사실이 한 가지 있다. 바로 절대로 '실패할 거라고 생각해서는 안 된다'는 점이다. 중요한 결단을 내린다는 것은 앞으로 어떤 인생을 살 것인가를 결정하는 인생의 분기점에 서 있는 것과 같다. 성공한다면 다행이지만 실패한다면 인생의 밑바닥으로 떨어질지 모르는 위험천만한 도박이다.

주식 상장을 포함해 사업을 하면서 큰 결단을 내려야 할 경우가 몇 번 있었지만, 그때마다 나는 단 한 번도 내가 실패할 거라고 생각해본 적이 없다. '실패하는 거 아닐까?'하는 불안감을 조금이라도 느꼈다면 아마 어떤 결단도 내리지 못했을 것이다.

결단을 내릴 때에 가장 중요한 것은 '뭔가를 끝까지 해본다'는 마음가짐이다. 이 세상에는 '시작한 일을 끝까지 해내지 못하는' 사람들이 너무 많다. 모두 도중에 좌절해버린다. 예를 들어 벤처기업도 마찬가지다. 자금을 모을 수 있을 만큼 모았지만 결국은 실패하는 경우가 대다수이다. 도중에 그만둘 거라면 처음부터 시작하지 말아야 한다.

주식 상장을 할 때 벤처캐피털과의 각서에서 '몇 년 이내에 상장하지 못했을 경우에는 전액을 변제한다'라는 약정서를 쓴 적이 있다. 왜 이런 약정서가 필요하냐 하면 일단 자금을 모으게 되면 상장에는 별 관심이 없는 회사가 있기 때문이다. '내 배만 부르면 된다'는 식으로 생각하는 사람들이 많다는 얘기다.

그러나 나는 오직 주식 상장에만 집중했다. 주위에서 어떤 말을 해도 상장해 갚으면 될 거 아니냐는 마음으로 늘 당당했다. 내 머릿속에는 오직 '상장'이라는 두 글자밖에 없었기 때문에 실패한다는 생각은 꿈에서조차 하지 않았다. 실패할 리 없다고 생각했고 실패해서는 안 된다고 굳게 마음먹었다. 물론 내게도 걱정으로 잠을 설치는 날들이 여러 번 있었다. 그러나 마음만은 전혀 흔들림이 없었다.

■ 지침서는 백해무익

● 틀 속에는 감동도 발견도 없다

최근 TV나 라디오, 신문, 잡지 등에서 취재하러 오는 일이 많아졌다. 내 사업전략이나 경영철학을 듣고 싶다는 의뢰가 대부분인데, 이럴 때 내 이력서를 가져오라는 말을 들으면 이런 취재는 사양하고 싶어진다. 특히 TV나 라디오에 출연할 때, 대본을 건네주며 "이런 식으로 진행할 테니 사회자가 이렇게 질문하면 이렇게 대답해주세요"라는 말을 들을 때가 있다.

하지만 나는 대본을 건네줘도 전혀 읽지 않는다. 질문도 대답도 미리 정해져 있다니 이렇게 시시하기 짝이 없는 일이 어디 있단 말인가? 대본이 정해져 있다는 것은 이미 틀이 짜여져 있다는 말이다. 인생도 마찬가지다. 미리 '틀'이 다 짜여진 인생을 사는 것은 어떤 감동도 발견도 없다. 이는 마치 "여기서부터 여기까지밖에 안 됩니다"라고 말하는 것과 같다. 이런 경우에는 큰 결심을 하고 과감하게 행동하는 것이 불가능하며, 개혁도 할 수 없다. 개혁을 할 수 없다면 나란 존재는 아무런 가치도 없다. 그러므로 나는 대본이나 이력서 같은 것은 절대 보지 않는다. 사전에 아무것도 안 본다는 것은 틀에서 벗어나는 것이며, 틀에서 벗어난다는 것은 무슨 말을 해도 좋고, 어떤 행동을 해도 좋다는 뜻이기 때문이다.

세상에는 지침서에 얽매어 실패를 경험하는 일이 많다. 손님을 접

대하는 방식도 그렇고, 점포를 운영할 때도 마찬가지다. 수많은 업무들이 지침서라는 형태로 미리 정해놓은 틀 때문에 점점 쇠퇴해가는 것은 아닐까? 이런 사실을 깨닫게 되면 더 이상 지침서로는 불가능하다고 생각한다. 그래서 해결책을 생각하고 지침서를 조금 변형시켜본다. 하지만 나는 애초부터 지침서는 필요없다고 생각한다. 모범사례나 안내서가 없다고 장사를 못하지는 않는다. 그러나 기업인이나 서비스업 종사자가 해서는 안 되는 일은 분명히 있다. 이러한 사항마저도 학생수첩 뒤에 쓰여 있는 정도면 충분하다. 학생수첩을 잘 읽어두라는 것이 어쩌면 유일한 지침서일지 모르겠다. 이런 틀이나 지침서를 과감히 던져버릴 수 있는 용기가 필요하다.

■ 예습, 실천, 복습을 반복한다

● 중요한 것은 노력을 거듭하는 것이다

내가 두부가게 일을 막 시작했을 무렵에는 두부를 어떻게 팔면 좋을지 계획을 세울 마음의 여유조차 없었다. 문득문득 스쳐가는 생각들을 실행에 옮겨보고 성공을 거두면 '그때 이런 생각을 해서 이렇게 잘도 넘어갔구나'라고 깨닫는 것이 고작이었다.

이를 학생으로 예를 든다면 '예습'을 하고 수업을 받아 '실천'하고 그 후에 '복습', '반성', '검증'을 거치는 것과 마찬가지다. 사실, 이러한 예습, 실천, 복습은 아주 중요하다. 대부분의 사람들은 대학을 졸업하고 일단 사회에 나가면 예습, 실천, 복습의 중요성을 완전히 잊어버린다.

하지만 어른이 되어도 특히 자신이 사업을 하고 있다면 예습, 실천, 복습은 매우 중요하다. 자기 나름의 가설을 세우는 것은 예습을 하는 것이다. 그리고 이를 실행하는 것은 수업에 해당된다. 그 뒤, 수업 내용을 복습하고 예습한 내용과 무엇이 다른지 검증한다. 이런 습관을 들이지 않은 사람은 사업을 한다 해도 결코 성공할 수 없다. 예습, 실천, 복습을 항상 반복해 노력을 거듭하는 일이 사업가로서 가장 중요한 일이기 때문이다.

2 항상 고객의 입장에서 생각하다

■ 일방적으로 판매해서는 안 된다

● 고객의 입장에서 생각한다

나는 입버릇처럼 소비자의 생각을 자기 멋대로 해석해서 상품을 팔지 말라는 말을 자주 한다. '소비자를 위해서'라고 말하는 사람일수록 더 무책임하며, 이런 사람일수록 '자기 입장에서' 생각한다. 이런 사람들은 상품을 만드는 과정과 판매하는 과정에서 '소비자는 틀림없이 이런 상품을 원하고 있다'고 굳게 믿는다. 머릿속에 틀을 미리 짜놓고 그 틀에 모든 것을 맞춘다. 그런데 이렇게 틀이 짜여진 시점부터 그는 이미 실패하고 있는 것이다. 소비자는 이럴 것이라고 가정하면 할수록 사업의 폭은 점점 좁아지고 그 범위에서 벗어난 일은 절대 인정할 수 없다. 그러나 이 세상은 정해진 범위를 벗어난 일들이 너무 많다. 그러므로 '소비자의 입장에 선다'는 사고방식이 중요하다. 자신이 진정으로 소비자의 입장에 섰을 때 비로소 진실을 볼 수 있다.

예를 들어 한 사원이 슈크림 1개를 100엔에 팔고 싶다고 말했을 때 나는 "정말로 100엔이냐?"라고 물어본다. "네가 소비자라면 100엔에 이걸 사고 싶은가?"라고. 만일 부정적인 대답이 돌아왔다면 "그럼 얼마라면 사 먹겠나?"라고 다시 묻는다. 그러면 "저 같으면 80엔 정도요"라고 대답한다. 그렇다면 80엔에 팔아야 한다. 이 제품을 80엔에 팔겠다는 노력을 하지 않으면 상품은 팔리지 않는다. 자신이 실제로 상품을 사는 소비자라면 도대체 얼마에 살 것인가 하는 문제에 솔직하게 대답해야 한다.

시노자키야의 직영점인 술을 파는 음식점에서도 매출이 제자리걸음을 계속했던 적이 있다. 이때 나는 점장에게 "매출이 부진한 이유를 알고 있나?"라고 물었다. "당신은 우리 음식을 매일 먹고 있나? 우리 제품을 매일 먹었다면 금방 알 수 있다"라고 다그쳤다.

사람이라면 누구나 때때로 평소에 먹어보지 못한 색다른 음식을 먹고 싶을 때가 있다. 이것이 사람의 심리다. 뭔가 색다른 음식을 먹고 싶은데 그 음식이 없다면 당연히 손님은 다른 곳으로 발길을 돌린다. 그저 단순히 손님에게 상품만 팔아서는 결코 손님의 입장을 이해할 수 없다. 자신이 손님이었다면 하는 생각을 결코 할 수 없다. 그래서 실패하는 것이다. 입으로는 소비자를 위해서라고 말하면서 정작 본질을 보지 못하기 때문이다.

■ 앙케트는 소비자 심리를 엿볼 수 있는 창

● 두부 한 모 증정으로 얻은 일석이조 효과

사업의 포인트는 소비자의 심리를 읽는 것이다. 이를 위해서는 앙케트 조사를 해야 하지만, 설문 용지를 놔두는 것만으로는 누구도 이에 적극적으로 참여하려 들지 않는다. 고작 모이는 의견이란 불만사항을 적은 내용 정도이다.

그러나 정말로 필요한 것은 소비자가 무엇을 생각하는가, 무엇을 원하는가를 파악하는 일이다. 시노자키야 판매점에서도 항상 앙케트 조사를 하고 있는데, 조사에 응한 소비자에게는 두부 한 모를 서비스로 제공하고 있다. 증정용 상품이지만, 그저 음료수 한 잔을 서비스한다면 그 자리에서 마시고 잊어버린다. 그러나 증정용으로 두부를 제공하면 앙케트 조사에 참여시키기 위한 미끼(?) 이상의 역할을 한다. 소비자가 증정용 '시계조 두부'를 받아 집으로 돌아가서 가족이나 이웃사람들에게 "이 두부, 먹어보니 참 맛있어요"라고 말한다면 두부 한 모로 확실한 구전광고 효과를 볼 수 있다. 게다가 앙케트 조사도 했으니 그야말로 꿩 먹고 알 먹기가 아닌가? 이런 증정용 광고 작전으로 앙케트 응답률이 크게 올라갔다. 앙케트를 세세하게 분석할 수 있게 되었고 소비자 의견을 반영한 경영전략을 세울 수 있었다. 소비자의 욕구와 요구사항을 자세히 알 수 있기 때문이다.

앙케트는 기본적으로 전부 객관식으로 만들어 번호에 표시하는 방식을 취하고 있지만, 흥미롭게도 반드시 뭔가 적는 사람들이 있다. 이처럼 소비자의 생각이 담긴 의견들도 큰 도움이 된다. 앙케트는 소비자의 심리를 엿볼 수 있는 '창'이라고 말해도 좋을 것이다.

■ 소비자는 최고의 구매담당자

● 고객의 소리에 귀를 기울여라

앙케트 조사를 통해 실제로 사업 방법을 바꾼 사례도 있다. 매출이 오르지 않는 프랜차이즈 체인점에서는 대개 앙케트 조사를 하지 않는 곳들이 많다. 그래서 앙케트 조사를 2개월간 실시하자, 매출이 부진한 결정적인 이유를 알 수 있었다.

예를 들어 앙케트 용지에는 '음식뷔페에 시간제한이 없다고 해놓고 손님이 많을 경우에는 시간제한을 한다'든가 '디저트로 차도 서비스하지 않는다'라는 불만이 솔직하게 적혀 있다. 이런 불만을 진지하게 받아들이고 하나씩 개선하는 일부터 시작한다. 그러나 시정했다고 해서 다음날부터 바로 손님이 늘지는 않지만 시행착오를 겪으면서 계속 노력하면 2개월 정도부터 서서히 결과가 나타난다. 예를 들어 '이번 메뉴는 가격이 너무 비쌌구나'라고 생각했다면 예상대로 앙케트 결과에 이에 대한 불만이 나온다. 가격이 '싸다'가 아니라 '비싸다'라는 곳에 표시가 돼 있다면 당연히 손님은 줄어들게 마련이다.

그러나 전체적으로 가격이 비싸다고 조사된 경우에는 뭔가 다른 외적 요인을 찾아봐야 한다. 그래서 주위의 음식점들을 조사해보았더니 가격을 대폭 낮춘 가게들이 늘어난 경우가 있었다. 이런 사정 또한 모두 앙케트 조사를 통해 나타난다. 이렇듯 손님은 최고의 슈퍼바이저다. 손님의 목소리를 얼마나 귀담아 듣고 어떻게 하면 만족시킬 수 있을까, 어떻게 반영할까를 항상 생각해야 한다. 이런 노력을 매일 끊임없이 하는 것이 중요하다.

3 세상의 흐름을 읽다

■ 편의점은 왜 인기가 있을까?

● 고객은 편리함, 신선함, 새로움을 추구한다

오늘날은 편의점이 전성기를 누리고 있는 시대다. 세븐일레븐재팬은 아사히 슈퍼드라이 맥주를 일본에서 가장 많이 팔고 코카콜라도 가장 많이 판매한다. 일반 주류판매점에서 주류가 팔리지 않아 힘들어하고 있는데도 편의점에서는 주류를 정가로 팔면서도 호황을 누리고 있다.

그렇다면, 어째서 소비자들은 술을 주류판매점에서 사지 않고 편의점에서 사는 걸까?

이유는 세 가지로, 첫째는 '편리함' 때문이다. 주류판매점에는 술밖에 없지만 편의점에서는 생활잡화를 비롯해 잡지, 음료수, 과자, 도시락, 담배 등 다양한 상품을 한 곳에서 다 살 수 있다. 한마디로 '편리하고 간편' 하나.

둘째는 '신선도' 때문이다. 편의점에 가면 늘 신선한 상품, 신상품이 있다. 편의점에서 파는 도시락에는 유통기간이 분명하게 명시돼 있고 유통기간이 지나면 아깝더라도 폐기한다. 이렇듯 편의점은 신선도를 유지하기 위해 최선을 다한다는 인식이 소비자들의 머릿속에 자리잡고 있다.

셋째는 '새로움'을 꼽을 수 있다. 편의점에 가면 뭔가 새로운 정보를 얻을 수 있다, 새로운 유행 상품을 진열해뒀을 거라는 기대감이 있다. 최신 상품은 편의점에 가면 금방 알 수 있다는 사고가 소비자의 머릿속에 자리잡고 있는 것이다.

이 세 가지는 모두 주류판매점에는 없는 것들이다. 주류판매점에서는 팔리지 않는 주류가 편의점에서 팔리는 이유는 바로 이런 점 때문이다. 흔히 볼 수 있는 풍경이지만, 주류판매점에서는 팔다 남은 위스키나 유통기간이 다 돼가는 맥주를 가게 앞에 산더미처럼 쌓아두고 파는 경우가 많다. 예를 들어 세븐일레븐이 가게 앞에 이런 위스키나 맥주를 쌓아두었다면 과연 사고 싶다고 생각하는 소비자가 있을까? 여기에 기본적인 판매방법의 차이, 장사에 대한 자세의 차이가 드러난다.

주류판매점은 상품을 산더미처럼 쌓아두는 것보다 좀 더 근본적인 부분을 개선해야 된다는 사실을 잊고 있는 것은 아닐까? 상점 앞을 좀 더 깨끗하게 청소한다든가 가게 유리를 닦아둔다든가 낡은 곳을 고친 다든가 하는 것이 먼저다. 그런 편이 오히려 소비자에게 신선한 느낌을 줄 것이다.

■ 슈퍼마켓 쇠퇴의 위험성을 파악한다

● 제조원가를 낮추고 판매관리비를 올리는 것은 몰락의 첫걸음이다

앞으로 슈퍼는 쇠퇴의 길을 걷게 될 것이다. 슈퍼는 싸게 납품받은 상품을 비싸게 팔고 있기 때문이다. 처음 슈퍼가 등장했을 때 사람들은 금방 사라지고 말 것이라고 생각했지만 그렇게는 되지 않았다. 슈퍼가 처음 등장했을 무렵에는 소비자에게 상품을 저렴하게 팔았기 때문이다. 또한 슈퍼에 가면 싸고 다양한 상품이 잘 갖춰져 있어 쇼핑을 한 번에 끝낸다는 편리함도 있었다.

그런데 '저렴한 가격'에 의문이 생기기 시작했다. 슈퍼에 납품하는 제조업체들이 지금은 제조원가를 줄이고 판매관리비를 올려서 이익을 내고 있기 때문이다. '저렴함'의 신화가 붕괴되면서 점점 더 많은 소비자들이 슈퍼에 식상함을 느낀다.

2005년 9월에 일본 최대의 소매체인 다이에의 창업자인 나카우치 이사오가 세상을 떠났는데, 나카우치의 신념은 '좋은 상품을 싸게 판다'였다. 당시는 제조업체가 소매가격을 정했는데, 나카우치는 "이래서는 소비자의 입장이 전혀 고려되지 않는다. 나는 소비자 주도로 경영할 것이다. 소비자가 가격을 결정한다"라고 맞섰다. 이런 그의 생각은 옳았다. 그는 좋은 상품을 더욱더 싸게 제공하려고 취급 상품의 제조원가를 올리고 판매관리비를 최대한 낮추었다. 그랬기 때문에 필연적으로 이익을 낼 수 있었고 소비자에게도 큰 호응을 얻을 수 있었다. 이런

점을 고려한다면 지금의 슈퍼는 분명히 쇠퇴의 길을 걸을 수밖에 없는 운명이다. 이는 상점가가 쇠퇴한 원인이기도 하다.

상점가가 쇠퇴한 이유를 설명하기 위해 두부가게의 예를 들어보면 내가 어렸을 무렵에는 두부 가격이 20엔, 30엔이었다. 그런데 지금은 150~160엔이나 한다. 그 이유는 상점가에 손님이 점차 줄어, 과거에는 하루에 100모의 두부를 팔았는데 지금은 80모로 줄자 두부조합에서는 20모에 대한 손실을 만회하기 위해 가격을 10엔 올리는 방법을 택했기 때문이다. 그런데 값을 올리기 전에 300그램이었던 두부가 가격을 올린 후에도 여전히 300그램이고, 모양도 맛도 변함이 없었다. 게다가 두부 파는 아저씨 대신에 상품 판촉을 위해 젊은 아가씨가 상냥하게 웃는 얼굴로 판매하는 것도 아니었다. 이는 소비자의 심리를 완전히 무시한 단순한 가격인상이다.

이래서는 모든 소비자들이 외면하는 것은 당연하다. 게다가 가격을 올림으로써 판매량은 더욱 크게 줄었다. 그런데도 팔리지 않으니 다음 해에는 또다시 가격을 인상한다. 소비자의 입장에 서지 않고 자기 입장만 생각해 자신들을 위해 가격을 올린 것이다. 즉 제조원가를 줄이고 판매관리비를 올려 이익을 내려 한 것이다.

■ 상점가 몰락의 원인을 파악한다

● 사고 싶은 것이 없다면 소비자는 찾아오지 않는다

상점가가 이처럼 쇠퇴하게 된 또 다른 이유는 상점가에는 더 이상
소비자가 사고 싶은 상품이 없기 때문이다. 상점가에 사고 싶은 것이
있다면 손님이 줄 리가 없다. 상점가는 일본 전국 어디에서나 가장 목
좋은 자리에 위치하기 때문이다. 무엇보다도 주택가에 가깝다는 이점
이 있다. 주택 근처에 상점가가 있으며 상점가가 가깝다는 이유로 주
택가가 형성된다. 그래서 본래 상점가는 손님이 매일 장을 보러 올 수
있는 가장 편리한 장소다. 그런데 그곳에는 더 이상 사고 싶은 상품이
없다.

다시 한 번 두부가게의 예를 들어보자. 상점가에서 1모에 120엔 하
는 두부를 하루에 100모 파는 가게가 있다고 치자. 근처 슈퍼마켓에서
"귀 점포의 두부를 우리 슈퍼에 납품해주십시오"라는 요청이 늘어왔
다. "이 가게에서 하루에 100모 팔았다면 우리 슈퍼에서는 300모를 팔
테니 도매로 납품해주세요"라고 한다. 이때 대개의 두부가게는 '300
모나 팔아준다니 그 편이 더 이익이네'라고 생각한다.

그러나 문제는 그 다음이다. "여기는 슈퍼니까 120엔짜리 두부를
100엔에 판매했으면 합니다"라고 말한다. 판매가가 100엔이라는 것
은 납품가는 60, 70엔으로 해달라는 얘기다. 두부가게는 힘들게 두부
를 팩으로 포장해 슈퍼까지 배달한 후 70엔을 받는다. 상점가에서 120

엔 하던 같은 두부를 근처 슈퍼에서 100엔에 판다면 소비자는 과연 어느 쪽 두부를 살까? 어느 누구도 더 이상 상점가에서 두부를 사려 하지 않을 것이다.

그러나 슈퍼에 70엔으로 납품했다면 상점가에서도 70엔에 팔면 된다. 그러면 슈퍼의 가격보다 무려 30엔이나 싸게 팔 수 있다. 그렇게만 된다면 지금까지 100명이었던 손님이 300명으로 늘지도 모른다. 아니, 300명은 무리더라도 200명은 찾아올 것이다. 그러면 매출은 지금보다 배로 늘어난다.

그런데 상점가에서는 매출이 줄었다는 이유로 안이하게 가격을 인상했다. 지금 슈퍼 역시 활기를 잃어가는 상점가와 똑같은 절차를 밟고 있다. 이런 어려운 처지에서 벗어나려면 상점가가 쇠퇴하게 된 교훈을 되새기는 수밖에 없다. 얼마나 판매관리비를 낮추고 제조원가를 높일까? 이 노력조차 게을리 한다면 앞으로 슈퍼는 결코 살아남을 수 없다.

4 선인들의 지혜를 배우다

■ 마쓰시타전기의 특약점 제도에서 배운다

● 두부 체인점을 통해 판로를 개척하다

앞으로 시노자키야의 판로를 어떻게 개척할 것인가를 놓고 고민하고 있을 무렵, 나는 마쓰시타전기 창업자인 마쓰시타 고노스케의 『수도(水道)철학』을 읽었다. 나는 뭔가 고민거리가 있을 때에는 유명 경영인의 자서전을 읽는다. 여기서 『수도철학』이란 물 쓰듯이 쓴다는 말처럼 사람이란 가격이 싸면 헤프게 쓰게 된다는 의미다. 그러므로 좋은 상품을 싸게 시장에 내놓는다면 소비자는 반드시 이 상품을 산다는 것이다.

마쓰시타 고노스케의 가장 훌륭한 점은 '내셔널 숍'이라는 체인점을 냈다는 것이다. 이 체인점은 전국에 무려 5만 개나 되었다. 즉 특약점 제도로 마쓰시타와 계약을 맺은 가전제품 판매점이 전국에 5만 개나 있었다는 말이다. 이는 그전까지 아무도 생각하지 못했던 일이었다. 책을 통해 이런 사실을 알게 된 나는 '그렇구나, 나도 동네의 두부가게를 체인점으로 삼으면 되겠구나' 하며 특약점 제도를 활용할 방법이 떠올랐다. 그리고 그렇게 되기 위해서는 우선 프랜차이즈 사업이 필요하다고 확신했다.

그렇다면 이런 비즈니스 모델로 지금 가장 탄탄한 업종은 무엇일까를 생각해보니, 자동차 산업이었다. 당시 시노자키야는 콩과 관련해 혼다와 거래를 하고 있었다. 잘 알다시피 혼다는 최대의 프랜차이즈 체인을 갖고 있는 회사다. 혼다는 자동차 제조업체이므로 차를 생산해 이를 프랜차이즈 체인점, 즉 자동차 대리점을 통해 팔고 있다. 혼다를 취급하는 대리점은 혼다 자동차만 팔지 도요타 자동차를 팔지 않는다. 따라서 시노자키야 특약점 제도를 만들면 여기서는 다른 두부회사의 두부가 아닌 '시게조 두부'만을 판다는 얘기다.

나는 늘 현재 가장 큰 수익을 올리는 업계는 어디인지를 생각한다. 그 업계의 시스템과 방법론을 두부업계에도 적용할 수 있을지 모색하기 위해서다. 두부가게는 동네의 영세한 제조소매업이지만 자동차 산업은 최대의 제조소매업이다. 차를 제조해 자신들의 대리점을 통해 소매로 팔고 있으므로 이것만큼 강점이 없다.

이렇듯 선인들의 지혜를 배우는 것이 가장 빠른 지름길이다.

■ 혼다의 철학에서 배운다

● 주류판매점과 제휴 마케팅을 시도하다

혼다의 성공신화를 다룬 책에서도 배울 점이 많다. 혼다 신화를 이룬 또 하나의 인물인 후지사와 다케오가 후발주자로 오토바이 업계에 참여했을 때의 에피소드에를 읽으며 많은 것을 느꼈다. 혼다가 뒤늦게 오토바이 시장에 진출해 어떻게 해야 오토바이를 판매할 수 있을지를 고민하고 있을 때의 일이었다. 이미 선발업체들로 판매망이 확립돼 있는 오토바이 판매점에서는 혼다의 오토바이를 팔 수가 없었다. 그렇다면 어디에서 팔아야 하나를 고심한 끝에 후지사와 다케오는 자전거 판매점을 선택했다. 전국 5만 5,000개나 되는 자전거 판매점을 설득해서 이곳을 거점으로 오토바이 판매를 시작했다. 이 책을 읽었을 때 '그렇구나' 하며 무릎을 탁 쳤다.

내가 '시계조 두부'의 새로운 판매망을 찾고 있을 때는 마침 주류판매 자유화를 앞두고 주류판매 상인들이 큰 위기감에 휩싸여 있었다. 당시 대충 어림잡아 전국에 두부가게는 1만 2,000개, 쌀가게는 1만 6,000개, 주류판매점은 4만 개였다. 그렇다면 다른 곳보다 주류판매점을 거점으로 삼아 두부를 팔면 되겠구나, 하는 생각을 했다.

새로운 판매망이라 해도 두부가게에 시노자키야의 두부를 팔려는 것은 도시락가게에 도시락을 팔러 가는 꼴과 마찬가지다. 이는 절대로 있을 수 없는 일이다. 게다가 쌀가게는 규제완화로 형태가 정비되어 가는 중이어서 두부 판매처로는 적당하지 않았다. 그러나 주류판매점은 당시 주류판매 자유화를 앞두고 불안한 상태였다. 게다가 주류판매점은 대개가 자기 소유의 집이 있었다. 주류판매업이라는 기득권을 지키고 있었기 때문에 빚도 없었다. 부부 두 사람이 가게를 보기 때문에 시노자키야 두부를 판다고 해서 인건비가 올라갈 리도 없다. 그렇다면 주류판매점에서 두부를 파는 것이 가장 유리하겠다고 생각했다. 그리고 결과는 대성공이었다. 내 고향인 사이타마현 고시가야의 두부가게는 하루 매상이 5,000엔이다. 그런데 주류판매점에 두부를 납품했더니 하루에 평균 2만 엔에서 3만 엔의 매출을 올리고 있다. 두부의 새로운 판매망은 이렇게 개척할 수 있었다.

나는 이처럼 새로운 판매망을 구축할 때 혼다의 성공신화에서 아이디어를 얻었다. 또한 2005년 12월에는 '타스코시스템'의 사외이사가 되어 외식업을 전개했다. 타스코는 '기타마에소바다카다야', '도리테쓰', '마쓰야', '야마다몽골' 등의 브랜드로 외식 체인사업을 전개하고 있는데 전국에 350개 이상의 체인점이 있다. 그렇다고 해서 시노자키야가 외식업 프랜차이즈 사업을 하고 싶다는 말은 아니다. 시노자키야의 목표는 어디까지나 두부의 제조도매업과 제조소매업을 위한 판로개척이다. 본질적으로 시노자키야는 두부 제조업체라는 생각에는 조금도 변함이 없다.

■ 부모로부터 배운다

● 어머니의 경영감각을 배우다

어머니는 경영자로서 자질을 갖추고 있는 분이다. 외가는 야마나시현 고후시(市)에서 일본 전통과자 제조업을 대대로 가업으로 삼고 있었다. 어머니는 고후 상인의 집안에서 자랐기 때문인지 아니면 유전 때문인지 몰라도 장사수완이 놀라울 정도로 좋았다. 정말 으뜸이라고 할 수 있다. 무엇보다 뛰어난 점은 다른 사람보다도 얼마나 돈을 잘 벌 수 있을까를 궁리하고, 이를 위해 예비조사를 한 후 실행에 옮긴다는 것이다. 어렸을 때부터 어머니는 동네에서 재원으로 소문이 자자했으며 여고 명문이었던 고후 제2고교를 졸업했다. 그리고 나름대로 조사한 결과, '가장 돈을 많이 벌 수 있는 직업은 골프장의 캐디'라고 판단하고 에노시마 컨트리클럽에 사무직으로 취직했지만 캐디라는 직업을 택했다.

어머니는 다른 캐디들과 달리 모든 골프 코스를 전부 조사한 후, 어디를 노려야 잘 칠 수 있는지, 어떤 골프클럽을 선택해야 하는지를 명확하게 조언했다. 그래서 어머니가 캐디가 되면 다들 평소보다 스코어가 잘 나왔다. 그래서 어머니를 찾는 사람들이 많아졌다. 당시 단골손님 가운데는 거물 정치인이나 경제인도 있었다. 어머니는 캐디로서 인기가 높아 톱클래스에 속하게 되었다. 이렇게 되자 받는 팁도 늘어났다. 당시 공무원 초봉이 1만 680엔 하던 시대에 팁만 해도 월 2만~3만 엔을 벌었다고 하니 깜짝 놀랄 일이다. 게다가 어머니는 부지런한 덕분에 아침에 빨리 일어나 늘상 제일 먼저 코스를 도는 캐디 1번 자리를 차지했다. 그러면 하루에 2번 코스를 돌 수 있어 팁도 2배를 벌 수 있었는데, 캐디 월급보다 팁이 훨씬 많았기 때문이다.

이렇듯 어머니는 골프 코스를 '예습'하고 '실천'으로 확인하고, 그 결과를 검증하면서 '복습'했다. 게다가 이를 위해 남이 보지 않는 데서 골프 공부도 했다. 이처럼 경영자로서 필요한 경영감각을 확실하게 자신의 것으로 만들었다.

● 아버지의 장인정신을 배우다

아버지는 사이타마현에 있는 작은 농가의 넷째 아들로 태어났다. 1941년생이므로 전쟁 전후의 어렵고 힘든 시기를 겪으며 자라난 세대다. 가족 전원이 먹고사는 데 정신이 없어 대를 이어야 하는 장남을 제외하고 모두 차례로 도쿄로 상경해 일을 해야 했다. 아래에서 두 번째인 아버지 역시 먼저 상경한 형들을 의지 삼아 도쿄로 올라왔는데, 고생 끝에 도착한 곳은 도쿄 아라가와구 마치야에 있는 '시노자키야 두부 본점'이다. 삼 형제가 모두 같은 '두부가게'에서 일하게 된 것이다.

본점의 감독자는 친형이었지만 장인의 세계에서는 절대 복종해야 하는 도제 제도가 남아 있었다. 이때 아버지도 장인으로서의 기술을 철저히 훈련받았던 모양이다. 마침내 둘째 형이 '시노자키야 두부점'을 개업해 독립하게 되자 셋째 형과 아버지도 함께 옮겨 형제만으로 두부

가게를 꾸려나갔다. 아버지는 두부를 만드는 틈틈이 자전거를 타고 '두부 사라'는 나팔 소리를 울리며 두부를 팔러 다녔다. 그리고 이 무렵 어머니를 만나 결혼하게 되었다.

아버지는 전형적인 장인 기질을 지닌 인물로 '그날 번 돈은 그날 다 써버려야 한다'며 허세를 부리는 타입이다. 술을 마시면서 "내일은 착실하게 두부를 만들어 팔면 될 거 아냐!" 하고 큰소리치는 버릇이 있었다. 그런 의미에서는 바보 같을 정도로 우직한 장인이기도 했다. 또한 경제관념은 거의 제로에 가까워 지금도 어머니에게 용돈을 받아 쓰는 형편이다. 뼛속까지 철두철미한 장인으로 결코 경영자 타입은 아니다.

그러나 두부 장인으로서 솜씨는 아주 뛰어났다. 아마 삼 형제 중에서 가장 뛰어났을 것이다. 관찰력 역시 뛰어나 '이것을 어딘가에 이용할 수 없을까?' 하고 궁리한 후 이를 생산에 활용하는 재능은 자식인 내게도 분명하게 유전되었다.

어쨌든 다루미 집안은 의지가 굳고 경영감각을 지닌 어머니와 매우 우직하고 장인 기질을 지닌 아버지의 힘으로 여기까지 왔다. 이 두 분이 없었다면 나 역시 성공한 두부장수는 결코 되지 못했을 것이다.

■ 유종의 미를 배운다

● 최후에 잘못된 결단을 내리지 않기 위해

혼다 소이치로에게는 배울 점이 아주 많다. 기술자로서 그리고 장인의 한 사람으로서 나 역시 혼다 소이치로처럼 되고 싶다. 마을의 작은 공장에서 귤 상자 위에 서서 스패너를 던졌다는 에피소드에서 시작해 마지막에는 물러서야 할 때를 분명히 알고 깨끗하게 물러났다. 유종의 미를 거둔 삶이었다고 생각한다.

그러나 혼다의 역사를 살펴보면, 혼다 소이치로란 사람은 결국 후지사와 다케오의 캔버스 위에서 춤추는 광대에 지나지 않았다. 혼다는 이 사실을 알고 있었을까? 그저 두 사람 모두 자신이 하고 싶은 일을 했다는 점에서 만족했던 걸까? 그랬기 때문에 그렇게 깨끗하게 물러날 수 있었던 걸까?

'저 사람은 정말 멋진 사람'이라며 박수를 받으면서 유종의 미를 거둘 수 있는 경영자가 되고 싶다. 나는 이런 생각을 늘 마음속에 품고 있으며, 이를 거울삼아 경영자로서 최선을 다하고 마지막 결단을 내려야 할 때를 맞고 싶다는 바람이 있다. 최후의 순간이 찾아왔을 때 잘못된 판단을 내리지 않는 것이 무엇보다 중요하다.

두부장수의 재패니즈 드림

　내 꿈은 두부 한 모의 '모'를 1조, 2조의 '조(兆)'로 만드는 것이다. 단지 한 모의 두부가 1조의 부를 낳는다.

　내 이야기는 '천연간수 제조법으로 만든 연두부'를 만드는 일에서 부터 시작됐다. 이 두부를 만들지 못했다면 지금의 나도 시노자키야도 없었을 것이다. 또한 불과 한 평의 무인직판점으로 시작한 두부소매점 이 지금은 약 500개로 늘어났다. 이렇듯 모든 시작은 아주 작은 일에서 비롯된다. 주위에 있는 아주 작은 일에서 오직 생각 하나로 큰 일이 이 루어진다. 그저 두부를 물끄러미 바라보지 말고 이것이 얼마나 많은 가 능성을 품고 있는지, 그리고 가능성이 어디까지 확대돼나갈 수 있는지 를 생각해야 성공을 향한 커다란 청사진을 그릴 수 있다.

　공장 앞에 세워진 한 평의 무인직판점에서 두부를 팔아 하루 매출 1

만 엔, 2만 엔을 올린 데서 시작해 눈 깜짝할 사이에 10만 엔이나 매출을 올리게 되었다. 그렇다면 다른 곳에 점포를 낸다면 더 많이 팔리지 않을까? 아직 은퇴해서 쉬고 있기에는 활력이 넘치는 어르신들이 팔면 어떨까, 활기를 잃어가는 상점가를 활성화시키기 위해서 이 두부가 도움이 되지 않을까? 외식점에서 두부의 브랜드 파워를 높이면 좀 더 사업이 확장되지 않을까?

이런 식으로 두부 한 모를 시작으로 차례차례로 상상의 나래를 펼쳤다. 후지산 정상을 목표로 한 굽이, 두 굽이, 세 굽이 하고 올라가듯이 시노자키야는 아직도 도전해야 할 일들이 산더미처럼 많다. 두부 한 모의 '모'가 '조'가 되는 꿈은 이제 막 시작되었을 뿐이므로.

다루미 시게루

단순한 두부장수가 아닌 두부장수

두부회사를 벤처로 키워 일본 재계의 신화가 된 주인공 '다루미 시게루'의 성공 이야기를 다룬 이 책을 통해 '역시 성공한 사람들의 인생은 보통 사람들과 다르구나' 하는 사실을 다시 한 번 뼈저리게 느낄 수 있었다.

1963년 도쿄의 영세한 두부가게의 장남으로 태어난 그는 가업인 두부가게를 이어받아 3대째 두부를 만들어 팔고 있다. 하지만 그는 여타의 평범한 두부장수와 달리 일본에서 도쿄증시 마더스에 상장한 유일한 두부회사 '시노자키야'의 최고경영자다. 게다가 M&A를 통해 IT기업 못지않게 급성장을 계속해 일본 재계에서도 이미 신화가 된 인물이기도 하다.

‘단순한 두부장수가 아닌 두부장수’의 인생이 마치 한 장의 파노라마처럼 생생하게 펼쳐지는 이 책은 매우 흥미로웠으며 그가 가진 인간적인 매력과 더해져 책을 잡은 손을 놓치 못하게 만들었다. 인생의 굽이굽이에 닥친 어려움을 타고난 경영감각과 실험정신, 그리고 불굴의 의지로 헤쳐나간 다루미 시게루의 인생은 조그만 일에도 쉽게 좌절하고 포기해버리는 오늘날의 젊은이들에게도 큰 가르침이 되리라 믿는다.

그런 그가 꿈을 다 이룬 것이 아니라 이제 막 시작되었다는 이 책의 마지막 말은 앞으로도 그의 행보에 더 큰 기대를 품게 만든다. ‘시노자키야’의 두부 한 모의 ‘모’가 ‘조(兆)’가 되는 그날까지 나 역시 두근거리는 가슴을 안고 그를 지켜보고 싶다.

2007년 5월
이동희

옮긴이 __ 이동희

한양대 국어국문학과 졸업. 8년간의 출판사 근무 후 일본 유학을 떠나 일본외국어전문학교 일한통역 · 번역학과 졸업. 다년간의 다양한 번역 업무를 거쳐 현재 전문번역가로서 활동 중이다.
옮긴 책으로는 『비즈니스 글쓰기 클리닉』, 『상사의 한마디 코칭』, 『마루한이즘』, 『작은 회사의 브랜드 파워』, 『강심장 봉 과장의 상사노릇』 등이 있다.

두부 한모 경영

초판 1쇄 발행	2007년 6월 27일
초판 4쇄 발행	2012년 9월 17일
지은이	다루미 시게루
옮긴이	이동희
펴낸이	강효림
편 집	이용주 · 민형우
디자인	채지연
마케팅	김용우
종 이	화인페이퍼
인 쇄	한영문화사
펴낸곳	도서출판 전나무숲 檜林
출판등록	1994년 7월 15일 · 제10−1008호
주 소	121−230 서울시 마포구 망원동 435−15 2층
전 화	02−322−7128
팩 스	02−325−0944
홈페이지	www.firforest.co.kr
이메일	forestfirforest@co.kr

ISBN │ 978−89−91373−13−6 (03320)

좌절하지 않고 쿨하게 일하는 감정케어

산업 전 분야에 서비스가 경쟁요소로 자리 잡으면서 많은 직장인들이 감정노동 스트레스를 느끼며 살고 있다. 이 책은 감정노동 스트레스에서 비롯된 좌절감을 극복하고, 그 어떤 컴플레인과 짜증에도 쿨하게 대처함으로써 행복하게 직장 생활을 유지할 수 있는 방법을 사례와 함께 아주 상세하게 제시하고 있다.

최환규 지음 | 344쪽 | 14,800원

숫자 세일즈

매출과 실적을 9.7배 올리는 숫자의 힘. 한 달에 계약 건수 하나 없던 초보 영업사원 시절부터 톱 세일즈맨이 되기까지 인생이 180도 바뀐 저자의 경험과 성공 과정을 담은 세일즈 비법을 담았다. 현장에서 고객의 yes를 끌어내는 데 실패하는 세일즈와 성공하는 세일즈의 특성을 쉽게 알 수 있는 구체적인 사례가 실려 있다.

기쿠하라 도모야키 지음 | 성백희 옮김 | 236쪽 | 값 12,000원

비즈니스 글쓰기 클리닉(Upgrade Me 1)

따라하면 바로 글쓰기가 되는 문서 작성 가이드. 비즈니스 문서의 핵심인 기획서, 제안서, 보고서는 물론 각종 레터, 이메일, 게시판, 블로그 쓰기에 이르기까지 바로 응용할 수 있는 실전 비즈니스 문서 작성법을 알려준다. 글쓰기의 핵심 노하우를 11가지 항목에 담았다.

하구치 유이치 지음 | 이동희 옮김 | 183쪽 | 값 10,000원

좋은 기획서 나쁜 기획서(Upgrade Me 2)

기획서는 자신의 열정을 담은 비즈니스 문서이며, 상품이고, 바로 자기 자신이다. 작은 아이디어를 기획안건으로 발전시키고, 기획안건을 설득력 있는 기획서로 작성하는 방법을 담았다. 또한 초보자가 프로처럼 쓸 수 있도록 사내·외에서 활용 가능한 기획서&제안서 작성 사례가 다수 수록되어 있다.

이토쿠 쇼고 지음 | 성백희 옮김 | 244쪽 | 값 13,000원